Hans Gutekunst

Arbeiten zur Geschichte Russlands 1425- 1613

Hans Gutekunst

Kirche, Staat und Legitimierung der Herrschaft in Russland 1425 - 1613

Bibliografische Information der Deutschen Nationalbibliothek:
Die Deutsche Nationalbibliothek verzeichnet diese
Publikation in der Deutschen Nationalbibliografie; detaillierte
bibliografische Daten sind im Internet über http://dnb.dnb.de
abrufbar.

©2015 Hans Gutekunst
Herstellung und Verlag
BoD Books on Demand, Norderstedt

9 783739 223360

Vorwort

Vorliegender Band umfasst drei Seminararbeiten zu Oberseminaren des Ordinarius für osteuropäische Geschichte Professor Werner Philipp, die in den Jahren 1967 bis 1970 von diesem am Osteuropa-Institut der Freien Universität Berlin abgehalten wurden, und die Staatsexamensarbeit des Verfassers aus dem Jahre 1971/1972 mit der von Werner Philipp empfohlenen Thematik.

Die Arbeit *Die Rolle Tver's 1425-1462* wurde im Sommersemester 1967 zur Seminarthematik „Erbfolge und Unitarismus in Moskau 1428-1453" angefertigt, *Die Krönungsordines der Moskauer Herrscher* im Sommersemester 1968 zum Seminar unter dem Motto „Kirche und Staat in Moskau 1430-1505" und die *Povest' o Novgorodskom belom klobuke* im Wintersemester 1969/1970 zum Seminarthema "Geschichtsschreibung und Geschichtsanschauung während der Entstehung der Moskauer Autokratie".

Die Legitimierung der Herrschaft in der Zeit der Wirren in Russland (1600-1613) kann so als Schlusskapitel oder summarium der Arbeit an Quellen altrussischer Geschichte unter der ertragreichen Anleitung meines 1996 verstorbenen Lehrers Professor Werner Philipp gesehen werden, einem Lehrer, dem ich für seine Förderung während des Studiums und seine persönlich Zuwendung danke. So ist es konsequent, an das Ende der eigenen Arbeiten eine Kurzdarstellung der Biographie Werner Philipps zu stellen.

Die Arbeiten sind chronologisch in ihrer Entstehung aufgeführt und nicht überarbeitet. Lediglich Personendaten sind in runden Klammern im Text oder als Anmerkungen ergänzt.

Zum besseren Verständnis und der Übersichtlichkeit halber sind im Anhang Listen der Herrscher aus dem Rjurikidenzweig der Daniloviči und Daten zu Herrschern / Prätendenten der smuta angefügt. Altrussische Zitate aus Quellen sind kursiv wiedergegeben und, soweit nötig, in runder Klammer übersetzt. Die Quellenangaben sind der jeweiligen Arbeit zugeordnet, Personen- und Ortsregister zusammenfassend mit Seitenverweis am Ende für alle Arbeiten. Fett gedruckte Seitenzahlen verweisen auf die betreffende Seite und folgende. Für die Gestaltung der Arbeit bin ich meiner Tochter Sarah zu Dank verpflichtet.

Berlin, den 17.November 2015
H. Gutekunst

Inhaltsverzeichnis

I Die Rolle Tver's 1425-1462

1 1425: Thronbesteigung Boris' Aleksandrovičs

Im gleichen Jahr wie in Moskau (1425) findet in Tver' ein Machtwechsel statt. Nach dem Tod Ivan Michailovičs Ende Mai[1] folgt ihm sein Sohn Aleksandr Ivanovič und nach dessen nur drei Monate dauernder Regierung der Sohn Aleksandrs, Jurij Aleksandrovič. Nach vier Wochen stirbt auch dieser und den Thron besteigt der Bruder Jurijs, Boris Aleksandrovič (1426-1461). Der Machtwechsel geht, den Chroniken nach zu urteilen, reibungslos vor sich. Nach dem Tod zweier

---

[1] PSRL XV, S. 489.; Bd. VI-1, S. 263., Bd. VI-2, S. 143.; Bd XII, S. 3.; zu den unterschiedlichen Datierungen in den Chroniken vgl. Borzakovskij V. S.: Istorija Tverskago knjažestvo, S. 191-192 und Anm. 905

Familienmitglieder, die als Sohn des jeweils gestorbenen Fürsten an die Macht kommen, wechselt man ohne Streit zum Senioratsprinzip über. Da die Chroniken nicht über einen Kampf um den Großfürstenthron ähnlich dem, der 1425 in Moskau begann, berichten, muss man annehmen, dass die Thronbesteigung Boris' A. rechtlich nicht angefochten wurde und ihm von Seiten Ivans, des Sohnes Jurijs, der Zubcov als udel'[2] erhält, keine Hindernisse in den Weg gelegt wurden.

2 Beziehungen Tver' – Litauen

Mit seinem Machtantritt versucht Boris A. die Beziehungen zu Moskau und Litauen zu klären, um zwischen diesen, der Großmacht Litauen und dem immer mehr erstarkenden Moskau, die Selbständigkeit Tver's zu behaupten. Die günstigere Ausgangsposition erhofft sich Boris A. auf der Seite Litauens. So versucht er die Selbstständigkeit seines Fürstentums durch Anlehnung an den alten Bundesgenossen Litauen aufrechtzuerhalten. Moskau, das infolge der nach der Thronbesteigung Vasilijs II. beginnenden Wirren mit sich selbst beschäftigt war, konnte kein Interesse daran haben, zu diesem Zeitpunkt eine Auseinandersetzung mit Tver' herbeizuführen und hatte auch keine Kraft, dessen innere Stabilisierung durch eine Verlagerung der Interessen von Moskau weg zu verhindern.

Gleichzeitig mit Rjazan' und Pronsk, die um 1430 Verträge mit Witold[3] schließen[4], versucht Boris A. mit der Hilfe und unter dem Schutz Witolds, seinem *„gospodinu dedu* (Herrn Vater)"*, neben dem Ausbau der Macht im Inneren den politischen Einfluss Tver's in Russland, den es vor einiger Zeit verloren hatte, wiederherzustellen, und, mit Čerepnin, gleichzeitig

---

[2] Teilfürstentum
[3] (1354 /1355-1430) ab 1392 Großfürst von Litauen
[4] DDG Nr. 25, 26

„eine Schwächung des Moskauer Fürstentums"[5] zu erreichen. Im August 1427 schließen Boris A. und Witold einen Vertrag[6], der Tver' in außenpolitischer Sicht unbedingt den Interessen Litauens unterordnet. Der Vertrag sieht neben dem Versprechen, sich nicht in die inneren Angelegenheiten des Vertragspartners einzumischen, die Verteidigung Tver's im Eventualfall durch Witold, auf jeden Fall aber die Hilfeleistung Tver's für Litauen vor: *„Byti mi* [Boris A.] *s nim* [Witold] *znodin. Pri ego storone, i posobljati mi emu na vsjakogo, nikogo ne vymaja."* Die Verteidigung Tver's gegen jeden Gegner durch Witold (*a gospodinu moemu Witold- boroniti oto vsjakogo*) soll durch Rat und Tat (*dumoju i pomočju*) geschehen. In der Absicht, mit der Erweiterung der großfürstlichen Rechte den inneren Zustand Tver's zu festigen[7], versteht es Boris A., in dem Vertrag gleichzeitig erhebliche Erschwernisse für den Abzug der Bojaren aus Tver' einzubauen: *„[...] kto iz nich poidet k moemu godpodinu dedu, k v[elikomu] k[njazju] Vitovtu, to on otčiny lišaetsja, a v otčine ego volen' ja v. k. Boris A. [...]"*. Dieser Absicht, die Lage des Großfürsten zu sichern, seine Macht den Untergebenen gegenüber und die unbedingte innere Unabhängigkeit Tver's gegenüber Litauen zu betonen, dient die ausdrückliche Formulierung des Rechtes der Freiheit der Handlungen in Tver' durch Boris A.: *„[...] volen', kogo žaluju, kogo kaznju[...]"* (ich kann begnadigen und strafen, wen ich will)".
Die Feststellung Presnjakovs, Boris A. könne nach dem Vertrag mit Witold als „Vasall-Untergebener des litauischen

---

[5] Čerepnin, L. V.: Obrazovanie russkogo centralizannogo gosudarstva, Moskau 1960, S. 750.

[6] DDG Nr.23; nach Borzakovskij, a.a.O., S. 192 der Vertrag am 03. August

[7] vgl. Alef, G.: Das Erlöschen des Abzugsrechts der Moskauer Bojaren, in: ZFOG. Bd.10,Berlin 1965, S. 7 ff.

Großfürsten"[8] bezeichnet werden, ist, nur gestützt auf die Erklärung der unbedingten Hilfeleistung für Litauen, bei genauer Betrachtung der Rechte, die sich Boris A. vorbehält, eine Fehlinterpretation. Die mehr oder weniger freiwillige Unterordnung Boris A. unter die Außenpolitik Witolds deutet auf keinen Fall ein Vasallenverhältnis an. Die Benutzung des Begriffs „Vasallität" durch Presnjakov für die Verbindung der Fürsten untereinander ist als pauschale Übertragung der Verhältnisse aus dem west- oder mitteleuropäischen Raum in den osteuropäischen für diese Zeit nicht zulässig.

Im Jahr 1428 schickt Boris A., um den Vertrag von 1427 zu erfüllen, Truppen unter dem Voevoden Zacharij Ivanovič zur Unterstützung Witolds, der gegen Novgorod zieht.[9] Nach dem Tod Witolds (27. Oktober 1430), zu dessen beabsichtigter Krönung Boris A. und Vasilij II 1430 noch in Troki erschienen waren[10], wird die Verbindung zwischen Litauen und Tver' etwas lockerer, festigt sich aber wieder mit dem Eingreifen Boris A. auf Seiten Svidrigailo Olgerdovičs[11] dem Thronfolger Witolds und Bruder Jagiellos in dem 1432 beginnenden Streit um die Herrschaft in Litauen. 1432 hilft Boris A. mit einem Heer unter Fürst Jaroslav dem Svidrigailo in seinem Kampf gegen Sigismund, Bruder Witolds, den zweiten Thronprätendenten in Litauen.

Svidrigailo war 1430 mit dem Tverer Fürstenhaus durch die Heirat mit der Cousine des Boris A., Anna Ivanovna, in

---

[8] Presnjakov, A. E.: Obrazovanie Velikorusskago Gosudarstva, 1918 S. 221.

[9] PSRL XV, S.489 [...] *chodil knjaz velikij Vitovt na Novgorod na velikij ratoju, a s nim byla sila Tverskaa, a Voevoda chodil Zacharia Ivanovič* [...]

[10] (*vor 1362-1434), ab 1382 bis 1401 Großfürst von Litauen und ab 1386 als Władysław II. Jagiełło König von Polen

[11] (um 1370- 1452),Großfürst Litauens bis 1432

verwandtschaftliche Beziehungen getreten.[12] Eine Beziehung Boris A. über Svidrigailo zu Jurij Dmitrievič[13], der mit Svidrigailo in einem freundschaftlichen Verhältnis stand, lässt sich nicht belegen. Obwohl die Schlacht gegen Sigismund 1432 für Svidrigailo verlorengeht und damit auch für Tver', hilft Boris A. weiterhin[14] und auch nach 1433. In der Schlacht bei Vil'komir 1435 wird Svidrigailo vernichtend geschlagen und Fürst Jaroslav aus Tver' getötet. Außer einer Quelle berichten die litauischen Chroniken nichts über eine Hilfe Tver's für Svidrigailo, auch nicht über die Teilnahme des Fürsten Jaroslav aus Tver'. Dagegen sind Nachrichten darüber erhalten, dass neben Tver' auch Truppen Moskaus, d.h. Truppen Jurij Dmitrievičs, Svidrigailo in seinem Kampf in den Jahren 1433 bis 1434 halfen.[15] In einem Vertrag vom Jahre 1439, der nicht erhalten ist, kommt es zum Ausgleich zwischen Boris A. und Sigismund. Die Vermutung, dass ein Vertrag zwischen Boris A. und Sigismund zustande kam, wird aus einer Stelle des Vertrages zwischen Boris A. und Vasilij II. von Moskau ersichtlich: [...] *a k Žimontu* [Sigismund] *nam celovanie složiti bez perevoda* [...]. Erst zu dieser Zeit, in der nach dem Tode Witolds „die anziehenden Kräfte Litauens erschlaffen"[16], wendet sich Tver' von seiner konsequent auf Litauen gerichteten Politik ab. Rjazan' hatte sich schon 1433 von Litauen weg und Moskau zugewendet, nachdem Ivan von Rjazan' sich Witold während dessen „Unliebe" mit Vasilij II.

---

[12] PSRL XV, S. 489; zum Namen der Cousine Boris A. und deren Einfluss auf Svidrigailo vgl. Borzakovskij, a.a.O., Anm. 911.

[13] Jurij Dmitrievič, Bruder Vasilijs I. (Zvenigord und Galič) (1389-1434), in der Folge als Großfürst durch Vasilij II. übergangen

[14] Letopisi v. kn. Litovsk 51; vgl.Borzakovskij, a.a.O., Anm 913.

[15] Borzakovskij, a.a.O., Anm. 914.

[16] Fleischhacker, H.: Die staats- und völkerrechtlichen Grundlagen der moskauischen Außenpolitik (14. bis 17. Jahrhundert), Darmstadt 1959

noch verpflichtet hatte, Litauen gegen diesen Hilfe zu leisten.[17] 1449 kommt noch ein Vertrag zwischen Kasimir IV. von Litauen und Boris A. zustande, der Boris A., obwohl auf der Seite Kasimirs (*pri ego storone*), mit Vasilij II. „in Liebe und Vertrag" (*ljubov' i dokončanie*) findet.[18]

In den Zeitraum bis 1440 (1439) fallen auch formale Schritte Vasilij II. zur Annäherung an Tver' (siehe Vertrag Boris A. – Vasilij II.), begleitet von dessen gleichzeitiger Abwendung von Litauen.

Es ist fraglich, ob bei Verlust der Initiative und aktiven Politik durch Litauen, Vasilij II. neben dem rein machtpolitischen Bedürfnis nach Hilfe des Tverer Großfürsten im Kampf um die Behauptung seiner Person als Großfürst in Moskau, noch, wie Čerepnin sich ausdrückt, den Einfluss Moskaus auf die Fürsten von Tver' und Rjazan' im Sinne einer „Zentralisation" geltend machen wollte, um eine Union derer mit Litauen vorzubeugen.

3 1433-1435

Zu der Zeit, als Boris A. in den litauischen Wirren engagiert war, wurde Tver' Zufluchtsstätte von Flüchtlingen aus dem Moskauer Gebiet. Den Chronikberichten nach nimmt der aus Moskau fliehende Bojar Ivan Dmitrijevič Vsevolockij seinen Weg von Konstantin Dm. (Uglič) über Tver' zu Jurij Dm. nach Galič.[19] Die Gründe für die Flucht geben die Chroniken mit der enttäuschten Hoffnung dessen auf eine Heirat seiner Tochter mit Vasilij II. an. Es erscheint glaubwürdig, wenn ein hochgestellter Bojar, der in der Jugend Vasilijs II. eine wichtige Rolle in Moskau spielte[20], bei der Abfassung der

---

[17] DDG Nr. 25, S. 68.

[18] DDG NR. 54, S. 163-164; vgl. auch Kap. X

[19] PSRL XII, S. 17; Bd. VII, S. 97; Bd. VI, S. 264.

[20] vgl. Mission Vsevolockijs 1431/1432 in der Horde, PSRL. XII, S. 143.

Testamente Vasilijs I. anwesend war[21], nachdem seine Hoffnung auf eine Einheirat in die fürstliche Familie durch die Intervention der Mutter Vasilijs II., Sophia, getäuscht wurde, seine Zuflucht bei dem Feind Vasilijs II., Jurij, sucht und diesen laut Chronikberichten zum Kampf gegen Vasilij II. anstachelt. Den Grund für sein Erscheinen in Tver' kann man in seiner Hoffnung auf die Hilfe Tvers als altem Gegner Moskaus bei seinen Rachplänen sehen. Falls er auf diese Ziel hin in Tver' agitierte, was aus den Chroniken nicht hervorgeht, müssen seine Hoffnungen durch Boris A. auf jeden Fall getäuscht worden sein. Dies beweist seine baldige Weiterreise nach Galič.

3.1 Verhältnis Tver's zu den Parteien in Moskau und Neutralität (1433-1434)

Die erste Person aus dem Kreis der streitenden Parteien Moskaus, die nach Tver' flüchtet, ist Vasilij II., der nach der Niederlage gegen Jurij an der Kljaz'ma 1433[22] mit seiner Mutter über Tver' noch Kostroma flieht. Boris bleibt auch in diesem Falle neutral, d.h. er gibt dem Großfürst die Möglichkeit, nach Kostroma weiter zu fliehen, und hält ihn nicht zurück, was in seiner Macht gestanden hätte. Tver' scheint zu diesem Zeitpunkt als Zuflucht für beide Parteien (vgl. die kurz zuvor stattfindende Flucht des Gegners Vasilijs II., Vsevolockij, über Tver') günstig gewesen zu sein.

Das Nichtverbleiben Vasilij II. in Tver' kann auch als Neutralität gegenüber Jurij Dm., der einen kurzzeitigen Sieg errungen hatte, ausgelegt werden. 1434, nach einem erneuten Sieg Jurijs über Vasilij II., der zu diesem Zeitpunkt

---

[21] DDG Nr. 20; 21;22

[22] PSRL XV, S. 490; Bd.VII, S. 97; Bd.XII, S. 18; Bd.VI, S. 265: Nach der 1. Pskover Chronik flieht Vasilij II. Ende März 1434 von Novgorod nach Tver' oder Novgorod, Kostroma, Nižnij-Novgorod

mit Ivan von Možajsk[23] verbündet war, flieht letzterer mit seiner Mutter nach Tver'.[24] Hier in Tver' versucht Vasilij II. Ivan von Možajsk durch seinen Bojaren Andrej Feodorovič Goltjaev nochmals auf seine Seite zu ziehen. Dies gelingt nicht, denn nach Besprechungen mit Gesandten Jurij Dm. wendet sich Ivan von Možajsk nach Galič. Bis zu diesem Zeitpunkt kann man eine strikte Neutralität des Tverer Großfürsten zwischen den Parteien von Galič und Moskau feststellen und darf nicht, wie Čerepnin es annimmt, die Aufnahme von Vsevolockij und Ivan von Možajsk zusammen mit der von Vasilij Kosoj[25] im Jahr 1435[26] als eine der Ursachen für die „zugespitzten" Beziehungen zwischen Tver' und Moskau in den 30er Jahren ansehen. In nicht verständlicher Weise macht er einen Unterschied zwischen der Aufnahme „moskaufeindlicher Elemente" und der Aufnahme Vasilijs II. 1433, die er zwar bestätigt, aber in ihrer Bedeutung herabmindert, indem er dessen baldige Weiterreise nach Kostroma betont. Ivan von Možajsk als „moskaufeindliches Element" d.h. als Gegner Vasilij II. darzustellen, der in Tver' Zuflucht sucht, ist nicht begründet. Ivan von Možajsk flieht als Vetter und geschlagener Verbündeter Vasilij II. nach Tver' und geht erst in Tver' durch den Einfluss Jurij Dm. auf dessen Seite über. Da sich keiner der Moskauer Flüchtlinge bis zum Jahr 1434 längere Zeit in Tver' aufhält, niemandem von Tver' Hilfe gleiset wird, muss man eine strikte Neutralität beiden Moskauer Parteien gegenüber feststellen. Der Versuch Tver's, in Anlehnung an Litauen seine Stellung sowohl im Inneren, als auch nach außen zu festigen, schließt auf keinen Fall eine Neutralität den sich bekämpfenden Parteien gegenüber aus.

---

[23] Vetter Vasilijs II. (Regierungszeit 1430-1462)
[24] PSRL VII, S. 98; Bd.XII, S. 19.
[25] (+ 1448), Sohn Jurij Dm. von Galič
[26] PSRL VI, S. 266.

3.2 Flucht Kosojs nach Kašin

Nach der Niederlage im Januar 1435 flieht Vasilij Kosoj[27] nach Kašin, d.h. in das Territorium Boris Aleksandrovičs.[28] In allen bedeutenden Chroniken, auch in derjenigen Tver's, findet sich die Nachricht von der Flucht Kosojs in übereinstimmender Weise geschildert. Bei dieser Gelegenheit scheint Boris A. zum ersten Mal seine konsequente neutrale Haltung den Parteien in Moskau gegenüber verlassen zu haben. In Kašin erhält Kosoj die Möglichkeit, den Rest seiner Truppen (300 Mann) zu sammeln.[29] Eine Chronik, enthalten in der „Russischen Geschichte von 1200-1534[30] berichtet unter dem Jahr 1435 dazu noch von Unterstützung mit Pferden, Bewaffnung und Kleidung, die Kosoj von Boris A. erhalten habe. Diese Hilfe würde, wenn es auch keine Truppen waren, einen radikalen Bruch im Vergleich zur Politik Tver's in den Jahren 1430-1435 innerhalb kürzester Zeit bedeuten. Die Gesinnungsänderung Boris A. ließe sich nur damit begründen, dass er sich bei einer Zuwendung zu Moskau und bei der Beobachtung dessen innerer Verhältnisse klar werden musste, wie er die Lage in einem für Tver' günstigen Sinne ausnützen konnte, um Moskau in seiner Schwäche zu belassen. Den Konflikt innerhalb Moskaus konnte er in diesem Fall nur durch eine Unterstützung der schwächeren Partei verlängern und das war eindeutig Kosoj gegenüber dem Bündnis Vasilij II. mit Šemjaka und Ivan von Možajsk. Gegen diese Annahme

---

[27] Vasilij Jurevič, Sohn Jurij Dmitrievičs von Galič

[28] PSRL VI, S. 266.; Bd.XII, S. 21.

[29] Voskr. l.: „i sobravsja v Kašine poide izgonom k Vologde na v. k. zastavu"; Sofijsk. l.: „i kopivsja v Kašine"; Nik. l.:" i sobravsja v Kašine"

[30] Tipografičeskaja letopis', in PSRL XXIII, S. 153; Bd. XXIV, S. 184.; vgl. auch Borzakovskij, a.a.O., Anm. 921.: „Ko knjazju že Vasil'ju I. v Kašin' prisla k. v. Borisom Aleksandrovičom Tf[v]er'skij-koni, porty i dospech."

19

sprechen aber mehrere gewichtige Faktoren: Tver' war im Jahr 1435 noch stark in den Wirren in Litauen auf der Seite Svidrigailos engagiert. Daraus folgt, dass Tver' auf keinen Fall Truppen freimachen konnte, am ehesten noch Waffen, Kleidung und Pferde. Eine offene Unterstützung Kosojs durch Tver' hätte sofort den Kampf mit der Union Vasilijs II. bedeutet, was sich das in Litauen gebundene Tver' aufgrund der Schwäche des möglichen Verbündeten Kosoj nicht leisten konnte.

Wenn man berücksichtigt, dass alle Chroniken bis auf eine von einem Sammeln der Kräfte Kosojs in Kašin berichten und ein Bruch innerhalb so kurzer Zeit in der Politik Tver's nicht zu vermuten ist, muss man entweder die Nachricht von einer Hilfe für Kosoj für unglaubwürdig halten oder die Hilfe dahingehend auslegen, dass Boris A. den arg „zerzausten" Mannen Kosoj's zum Weiterzug nach Vologda nicht die Bitte um Ausrüstung abschlagen konnte. Als Faktum bleibt jedoch bestehen, dass Boris A. von seiner neutralen Haltung den um den Großfürstenthron Moskaus ringenden Parteien gegenüber abging, indem er einer Seite, der schwächeren, die Möglichkeit bot, das Gebiet Tver's als Sammelpunkt für der anderen Partei feindliche Truppen zu benutzen.

4 Lage Tver's und Bestrebungen in den 30-40er Jahren

Um die weiteren Handlungen Boris A. zu verstehen, muss man sich die Grundpositionen der Politik des Großfürsten noch einmal vor Augen führen. In den 30-40 er Jahren baute Boris A. nach Presnjakov[31] unter außenpolitischer Anlehnung an Litauen (Witold-Svidrigailo-Sigismund) seine Macht aus. Er sicherte sich durch den außenpolitischen Schutz die Unabhängigkeit in der Regierung des Großfürstentums Tver' und die Herrschaft über die „jüngeren" Fürsten Tver's. Ihm

---

[31] Presnjakov, a.a.O., S.219-222.

gelingt es, die Zersplitterung des Landes zu beseitigen und die „jüngeren" Fürsten Tver's in die Position abhängiger Untertanen zu bringen.[32] Es tauchen zum ersten Mal „Dienstfürsten" (*knjazja služebnye*) in den Quellen auf[33], wobei nicht festzustellen ist, ob zum Teil Teilfürsten (*bratja molodšaja*) zu Dienstfürsten werden, oder Bojaren diesen neuen Rang in der Beziehung zum Großfürsten einnehmen. Dies hat zwar keine Bedeutung für eine veränderte Lage der großfürstlichen Macht, wirft aber in der evtl. Titulierung von Teilfürsten als Dienstfürsten ein Licht auf die für den Großfürsten günstige Lage zu diesem Zeitpunkt in Tver'.

In den Jahren nach dem Tod Witolds bestehen zwar noch Bindungen Tver's zu Litauen, offensichtlich bis zum Jahr 1449, das Interesse Boris A. konzentriert sich aber mehr auf die Ereignisse in Moskau. Parallel zur Außenpolitik Tver's läuft aber immer die Bestrebung, die Zustände im Inneren zu festigen.

Aus dieser Zeit ist ein Zeugnis aus Tver' erhalten, das „Smirennogo inoka Fomy slovo pochval'noe o blagovernom velikom knjaze Borise Aleksandroviče", in der Literatur gemeinhin „Slovo pochval'noe Fomy" genannt.[34] Für diese Arbeit wird ausschließlich Ja. Lur'es Abhandlung über das Slovo „Die Rolle Tver's bei der Schaffung des russischen Nationalstaates" benutzt.

Das Slovo, das aus 5 Teilen (bei Šachmatov 6) besteht und dessen außenpolitischer Teil mit dem Machtantritt Šemjakas in Moskau beginnt, wurde nach Lur'e im Frühling oder Anfang Sommer 1453 niedergeschrieben. Als Grund wird angegeben,

---

[32] Presnjakov, a.a.O., S.219.

[33] DDG Nr.54: „*Esli kto iz brat'i moej molodšej knjazej služennych ot'edet k tebe* [...]"

[34] Über den Verfasser des Slovo vgl. Philipp, W.: Anonymus von Tver', S. 230-237; Slovo: soobščenie N. P. Lichačeva, SpB 1908, in: Pamjatniki drevnej pis'mennosti i isskustva CLXVIII, S.16

dass der Tod Šemjakas am 17. Juli 1453 dem Schreiber nicht bekannt war. Das politisch tendenziöse Werk des anonymen Schreibers, der, wie er selbst ausdrückt, enge Beziehungen zum Großfürsten hatte, versucht die Bedeutung Boris A. und damit die Tver's systematisch zu erhöhen. Vor allen Dingen betont er den Vorrang Tver's vor Moskau in den Jahren 1434 bis 1447. Tver' ist nur noch mit Byzanz zu vergleichen. Bezeichnend ist die Titulierung des Großfürsten durch den Schreiber: siebenmal als „car'", zehnmal als „samoderžec" und noch öfter als gosudar'". Mehrmals wird Boris A. als „der Zarenkrone würdig" befunden.[35]. Da eine faktische Coronatio Boris A. nicht erwähnt und auszuschließen ist, müssen diese Formulierungen als einfache Demonstration der Ansprüche Boris A. gelten, wobei wiederum angenommen werden muss, dass der Schreiber in dieser mehr rhetorischen Figur seiner Meinung Ausdruck gibt. In dieser Richtung liegt auch die besondere Betonung des bemerkenswertesten Ereignisses der Geschichte Tver's in diesen Jahren, die Teilnahme Tver's durch Gesandte[36] als Alleinvertretung Russlands beim Konzil von Florenz 1439[37], und die Aufnahme von Beziehungen Tver's mit dem Nachfolger Tamerlans, Sarucha.[38]

Es ist zu vermuten, dass die übermäßige Betonung der Stärke Tver's durch den Schreiber in der 1453 erfolgten Niederschrift auf eine eher geschwächte Stellung Tver's gegenüber Moskau schließen lässt.

---

[35] Lur'e, a.a.O., S.88: „Dostoin est' v.k. Boris a. vencu carskomu" oder a.a.O., S.89."[...]sij že samoderžavnyj gosudar' v. k. Boris A.- carskim vencom uvjašesja"

[36] Foma, der, vgl. W. Philipp a.a.O., fälschlicherweise für den Autoren gehalten wird

[37] Lur'e, a.a.O., S. 91: „[...]vozvesti ša na ši poslannye: zdravatvyj, vozljublennye brat'e o Christe [...] i priim že carskie posla v. k. Borisa A. [...]"

[38] Lur'e, a.a.O., S. 94.

5 1437-1439: Vertrag Boris Aleksandrovič - Vasilij II.

In die Zeit zwischen 1437 bis 1440 fällt die Niederschrift eines nicht genau zu datierenden Dokumentes, eines Vertrages, oder, wie Lur'e glaubwürdig schließt, das Projekt eines Vertrages[39] zwischen Vasilij II. und Boris Aleksandrovič. Das Projekt kann als erster Schritt einer Annäherung zwischen Tver' und Moskau gelten. Das Vertragsprojekt lässt sich in den Rahmen von 1437 bis 1440 stellen, da der Name des Metropoliten Isidor erwähnt wird und dieser nur in diesen Jahren in Russland weilt- mit einer Unterbrechung, der Teilnahme am Florentiner Konzil. Hinweise im Text der Urkunde in Verbindung mit den Ereignissen von 1438 und 1439, dem Feldzug Šemjakas und Krasnyjs[40] gegen Ulug-Machmed, dessen Zug gegen Moskau[41] und die Tatsache, dass Šemjaka und Krasnyj mit Vasilij zusammen den „Vertrag" mit Boris A. schließen, führen Čerepnin zu dem Schluss, dass der Vertrag nach dem Sieg Vasilij II. über Kosoj 1439 abgeschlossen wurde. Die Tatarengefahr zwingt Vasilij II. 1439 das Bündnis mit Tver' zu suchen.[42]

In seinem Wortlaut ist das Vertragsprojekt von 1439 dem Vertrag zwischen Michail von Tver' und Vasilij I.[43] äußerst ähnlich. Obwohl auch die Formulierung (s.o.), die Čerepnin mit den Ereignissen von 1438 bis 1439 in Zusammenhang bringt, in dem Vertrag von 1396 enthalten ist, ist gegen

---

[39] DDG Nr. 37; vgl. Lur'e, a.a.O.,S. 93. Der Vertrag ist nicht im Moskauer Großfürstenarchiv und in den Archivabschriften des 17. Jahrhunderts enthalten. Der Sbornik, in dem der Vertrag kopiert ist, enthält hauptsächlich nicht verifizierte Texte; auch keine Nachricht über offizielle Formulierungen des Vertrages.

[40] Söhne Jurij Dmitrievičs von Galič

[41] „A čto este voevali so carem a položiti na nas car' vinu v tom i mne [Boris Aleksandrovič] *vam, brate, ne dati ničego v to* [...]"

[42] Čerepnin, Russkie feodal'nye archivy, S. 124.

[43] (1371-1425)

Čerepnin kein stichhaltiges Argument anzuführen, welches die Verbindung des Vertrages mit den Ereignissen von 1438 und 1439 ausschließt. Eine Änderung des offensichtlich in Anlehnung an den Vertrag von 1396 entstandenen Vertragstextes tritt in der Aufzählung der Namen der Vertragsschließenden, der jüngeren Fürsten, und in der Formulierung der Gegnerschaft gegen die Feinde ein. Diese Änderung weist evtl. auf eine Gleichzeitigkeit der Entstehung des Vertrages mit dem Vertrag von 1439 zwischen Vasilij II. und Kosoj hin und stützt die Vermutung Čerepnins, dass der Vertrag auf die Tatarengefahr hin abgeschlossen wurde. Im Vertragstext, in dem Boris A. Vasilij II. „Bruder" nennt, sind beide Großfürsten gleichberechtigt. Moskau und Tver' verpflichten sich den Tataren, Polen, Litauen und den Deutschen (*nemcy*) gegenüber der gleichen Politik, es nicht zuzulassen, dass sich die Tataren fremde Gebiete aneignen, und garantieren sich Hilfe bei einem Angriff der Tataren. Boris A. hält weiterhin den Bund mit Sigismund aufrecht, allerdings mit der Einschränkung, dass Boris A. jetzt mit Vasilij II „in Liebe" sei. Ohne Zustimmung Tver's vermag Moskau keinen Vertrag, auch nicht mit Litauen, zu schließen. Für die Zeit zwischen 1437 und 1440 berichtet das Slovo von einem Einfall von Moskauer Truppen unter Kolycev[44] in das Gebiet des Tverer Teilfürsten Ivan Jurevič von Zubcov.[45] Obwohl keine Chronik über Streitigkeiten zwischen Tver' und Moskau oder Einfälle Moskauer Truppen in das Gebiet Tver's berichten, muss man die Echtheit dieser Aussage des Slovo bekräftigen, da der Autor diese Episode mit Namen von Handelnden und Gebieten belegt und den Sieg Tver's über diese Truppen als Zeichen des Vorranges von Tver' vor Moskau sieht.[46]

---

[44] Okoljničij Ivan Kolycev, Dumnyj Dvorjanin (Adelsmann der Carensynklete)

[45] Lur'e, a.a.O., S. 93.

[46] a.a.O.:[...] *množii est' velici knjazi, no ne sut' taci* [Tver']

Lur'e datiert diese Episode nach dem Projekt des Vertrages zwischen Vasilij II. und Boris A. Auch Čerepnin, der sich auf Lur'e stützt, nimmt an, dass dieser Einfall Moskaus am Ende der 30 er Jahre stattfand, verbunden mit der „Teilnahme Boris A. an den Moskauer Wirren". Diese Behauptung Čerepnins ist durch eine Untersuchung der Haltung Tver's zu dieser Zeit anzuzweifeln. Wenn Vasilij II. im Bündnis mit Šemjaka und Krasnyj auf die drohende Tatarengefahr hin den Bund mit Tver' sucht, um gegen die Tataren freie Hand zu haben oder sogar von Tver' Hilfe zu bekommen, so lässt sich der Angriff Moskaus thesenhaft auch in die Zeit vor dem evtl. Abschluss eines Bündnisses 1439 datieren. Eine Forderung Boris A. der Art, dass Moskau Tverer und Kašiner polony[47] ohne Loskauf freilassen soll, ließe sich aus dem Stärkegefühl Tver's dieser Zeit schließen und kann als Folge einer vorhergehenden Niederlage Moskaus gegen Tver' interpretiert werden.[48]

Beide Annahmen, der Einfall Moskaus auf das Gebiet Tver's vor dem Vertrag und das daraus resultierende Sicherheitsbedürfnis Moskaus vor den Tataren und der Einfall nach 1439, müssen nebeneinander stehenbleiben.

Čerepnin verbindet mit seiner Feststellung, dass bis zum Ende der 30er Jahre die Verbindung Moskau-Tver' undefinierbar gewesen sei, die Aussage, dass die Beziehungen beider Fürstentümer zu dieser Zeit „zugespitzt" gewesen seien. Den Aussagen der Dokumente nach kann eine „Undefinierbarkeit" der Beziehungen auf keinen Fall für die Jahre von 1427 bis 1434 gelten, in denen Tver' eindeutig die Stellung eines neutralen Nachbarn Moskaus einnimmt. Es ist fraglich, ob sich eine Verbindung zwischen beiden Fürstentümern überhaupt feststellen lässt. Die Rolle Tver's, in einer für Tver' günstigen

---

[47] Polovniki: auf fremdem Land siedelnde Halbpächter
[48] DDG Nr.25. Die Formulierung des Freilassung Tverer polony ohne Loskauf findet sich schon im Vertrag von 1396.

Zeit auf die Festigung seiner Macht bedacht, erschöpft sich in der Aufnahme beider Moskauer Parteien im Falle einer Flucht. Von den Punkten, die Čerepnin für die „zugespitzte" Beziehung zwischen Tver' und Moskau aufführt, (-die Verbindung Tver's mit Witold und Sigismund in Litauen, -Tver' als Zufluchtsort für „moskaufeindliche" Elemente wie Vsevolockij, Možajsk, Kosoj, der Überfall Moskaus auf Zubcov und in Verbindung mit dem Überfall die Teilnahme Tver's an den Moskauer Wirren), lassen sich nur der Überfall Moskaus auf Zubcov und die nicht sicher belegte Hilfe für Kosoj anführen. Die Verbindung Tver'-Litauen versteht sich aus dem ganz allgemeinen Wunsch Tver's nach Rückhalt. Aus dem Bestreben, ohne Einmischung von außen die innere Unabhängigkeit zu bewahren, ergibt sich auch die Aufnahme nicht nur der Gegner Vasilij II., sondern auch die von Vasilij II, selbst. Vasilij II hatte zu dieser Zeit keine Möglichkeit, Tver' in ein evtl. als Wunsch bestehendes „zentralisiertes Ganzes" einzubeziehen. Deshalb ist auch die Schlussfolgerung Čerepnins, gegründet auf den wenigen Berührungspunkten zwischen Tver' und Moskau in den Chroniken, eine Verallgemeinerung, besser Vereinfachung. Die von ihm angeführten Punkte verlieren bei genauerem Hinsehen an Beweiskraft. Das einzige, möglicherweise treffende Argument bestünde darin, die Lage deshalb als „zugespitzt" zu bezeichnen, weil sich Tver' behauptete und dies wiederum nicht in die Konzeption eines Vasilij II. als „Zentralisator/Einiger" passte. Dies ist aber nicht ein besonderes Kennzeichen der Beziehungen Moskau-Tver', sondern lässt sich in den Beziehungen aller Fürstentümer dieser Zeit, auch bei Novgorod, zu Moskau beobachten.

6 Einbeziehung und Eingreifen Tver's in die Politik in Moskau

Bis zum Jahre 1445 berichten die Chroniken nur von einem Ereignis in Moskau, an dem Tver' ursächlich teilhat. Es sind dies Unruhen in Možaisk, wohin Hungende aus dem durch eine Hungersnot heimgesuchten Tver' fliehen[49], was nach Čerepnin die Unruhen auslöst. Ein zweites Ereignis ist die Flucht des Metropoliten Isidor 1441 aus Moskau über Tver' nach Litauen.[50]. 1445-1446 wird Tver' zum ersten Mal direkt und mit völliger Übereinstimmung in den Chroniken im Zusammenhang mit den Wirren um den Moskauer Thron angesprochen. Nach der Entlassung Vasilijs II. aus der Gefangenschaft in der Horde am 17. November 1445 versucht Šemjaka, der in Abwesenheit Vasilijs II. Gespräche mit Vasilij und Fedor Jur'evič von Suzdal' geführt hatte[51], den Unwillen vieler ehemaliger Anhänger Vasilijs II. über die aus der Horde durch Vasilij II. mitgeführten Tataren ausnutzend, diesen zu isolieren. Vasilij II. hatte durch die dem Chan zugestandenen neuen Tributforderungen an Ansehen verloren. So versucht Šemjaka im Bündnis mit Ivan von Možajsk 1446 Kontakt mit Boris A. aufzunehmen und diesen auf seine Seite zu ziehen. Er versucht es mit dem Gerücht, dass Vasilij II. nach Absprache mit dem Chan diesem alle Moskauer Fürstentümer ausliefern und sich Tver' nehmen wolle: „A on [Vas. II] k carju celoval, čto carju sideti na Moskve i na vsech gradach russkich i na našich otčinach, a sam chočet sesti na Tferi"[52]. Die Reaktion Boris Aleksandrovičs ist den Chroniken nach eindeutig positiv

---

[49] PSRL XXIII, S. 151.

[50] PSRL VII, S. 109: „Mitropolit Isidor ubežal s Moskvy k Tveri, a ottole k Litve [...]; 1. und 2. Pskov. 1442

[51] DDG Nr.40; Čerepnin, Obrazovanie, S. 788.

[52] PSRL XVIII, S. 196.

für Šemjaka.[53]. Das Erschrecken und nachfolgende Eingreifen der Partei Šemjakas führt nach zwei Quellen sogar zur Teilnahme Boris' an der Blendung Vasilijs II.[54] Borzakovskij zweifelt beides an[55], da die Nachricht in den Chroniken ein Gerücht des Volkes, eine Erfindung Šemjakas oder das durch Šemjaka verwendete Gerücht der Bevölkerung gewesen sei. Die Teilnahme Boris Aleksandrovičs an der Blendung und die Parteinahme für Šemjaka stellt Borzakovskij auch deshalb in Frage, weil kurz darauf (1447) Boris A. Stellung für Vasilij II. bezogen habe. Das Bild der Beziehungen zwischen Šemjaka, Ivan von Možajsk und Boris Aleksandrovič sieht bei einer Analyse der Berichte in den Chroniken folgendermaßen aus: Das Gerücht über die Absprache Vasilijs II. mit dem Chan findet sich im Voskresenskaja letopis' (PSRL. VII, S. 115) und im Patriaršaja letopis' (PSRL. XII, S. 67). Beide Chroniken und die Sophienchronik II (PSRL VI, S. 173) berichten weiterhin über eine Gesandtschaft Šemjakas und Ivans von Možajsk auf Grund diese Gerüchtes an Boris A.: „[...] *i posylajut so predrečennymi rečmi k v. k. Borisu Tferskomu*" (Soph. II, S. 173).

Voskr., Patr., Soph. I und II berichten über den Erfolg der Gesandtschaft, d.h. der Aufnahme des Gerüchtes durch Boris A. mit „Erschrecken" und der „Einmütigkeit" desselben mit den beiden Urhebern der Gesandtschaft. Die Novgoroder Chronik (PSRL IV, S. 141) gibt, ohne über eine direkte Gesandtschaft und über das Gerücht zu berichten, das Ereignis der Verbindung Šemjakas, Ivans von Možajsk mit Boris A. mit *"togo leta zdumali tri knjazi"* wieder. Eine ähnliche Formulierung gebraucht die Abrahamschronik: „ [...]

---

[53] PSRL VII; S. 115: [...] *on že slyšav to, ubojasja, i byst' edinomyslennik s nimi* [Šemjaka und Ivan von Možajsk]; PSRL. VI, S. 173.
[54] PSRL V, (Novg. IV), S. 125; Bd. XVI, S. 189.
[55] Borzakovskij, a.a.O., S. 196.

toj že zimy zdumavše tri knjazja [...] (S. 189). Eine direkte Teilnahme an der Blendung Vasilijs II. als Folge einer „Vereinbarung" Boris Aleksandrovičs mit Šemjaka und dessen Verbündeten findet sich in zwei Novgoroder Chroniken (PSRL IV, S.125; PSRL XVI, S. 189):"[...] i zyma*ša k. v. Vasil'ju*[...] *i oslepiša ego* [...]".

Die Tverer Chronik berichtet über keinerlei Beziehung Boris A. zu den Gegnern Vasilijs II. Die Chroniken geben für die Annahme von Beziehungen zwischen Šemjaka und Boris A. und eine eindeutige Hinwendung Boris Aleksandrovičs zu Šemjaka genügend Anhaltspunkte. Da die Chroniken aber über die Beziehungen Boris A. – Šemjaka für die Zeit nach der Blendung Vasilijs II. schweigen, keine Beweise für eine Hilfe für Šemjaka durch Boris A. liefern und die Berichte über die Gesandtschaft zu schemenhaft sind, kann die Beziehung Boris A. – Šemjaka nur in der „Einmütigkeit" bestanden haben. Wenn Šemjaka eine List gebraucht und diese bei Boris A. gewirkt haben sollte, darf man nicht außer Acht lassen, dass diese Nachricht Boris A. wahrscheinlich sehr gelegen kam. Er war an der Schwächung der Macht des Moskauer Großfürstentums interessiert, da diese ihm territorialen Gewinn und eine „Festigung des politischen Prestiges"[56] gebracht hätte. Als diese Schwächung dürften ihm die Bestrebungen Šemjakas zu dieser Zeit erschienen sein, Vasilijs II. Politik als gegen die Teilfürsten gerichtet erscheinen zu lassen und die Angst der Fürsten um die Autonomie ihrer Gebiete gegen die angeblich mit der Politik der Horde konform gehende Politik Vasilijs II. auszuspielen. Für eine zeitweilige Hinwendung Boris Aleksandrovičs zu Šemjaka spricht auch der Bericht über die Ereignisse im Slovo.[57] Die angenommene Abfassung des Berichts im Jahre 1453 (1453

---

[56] Čerepnin, Obrazovanie, S. 792.
[57] Lur'e, a.a.O.; nach der Verschickung Vasilijs II. nach Uglič und Vologda

hat Vasilij II. wieder die Macht in Moskau inne) lässt die angebliche Ablehnung des Hilfegesuchs Šemjakas durch Boris A. mit der Begründung" [...] *voschote* [Boris A.] *stati po svoem brate, po velikom knjaze Vasilij* [...] tendenziös, d.h. der Lage Tver's 1453 angemessen erscheinen. Gegen ein eindeutiges Engagement Tver's für die Politik Šemjakas oder eine Teilnahme an der Blendung Vasilijs II. sprechen, dass Boris A. eine Gesandtschaft Novgorods an Šemjaka vier Monate festhält (vgl. Kap. VII) und die kurz darauf folgende Parteinahme Boris A.s für Vasilij II. bei dessen Aufenthalt in Tver'. Vasilij II. hätte wohl nicht bei einem Feind Zuflucht gesucht, der kurz zuvor an seiner Blendung teilgenommen hatte. Man muss deshalb annehmen, dass der Bericht über die Teilnahme Boris A.s an der Blendung Vasilijs II. in den Novgoroder Chroniken auf einer Verallgemeinerung und willentlichen Ausdehnung auf gleichzeitig stattfindende Handlungen Šemjakas und Ivans von Možajsk, zu denen Boris A. in Beziehungen getreten war, fußt.

7 Ausnutzung der Lage 1444-1446 in Moskau durch Tver'

1440 leistet Boris A. in einem Zug gegen Novgorod Vasilij II. Hilfe. Zwei Voevoden, Aleksandr Romanovič und Karpa Feodorovič führen die Truppen Tver's.[58] Mit deren Hilfe gelingt es auch Vasilij II., Novgorod zu besiegen. Im Winter 1444-1445, als Vasilij II. im Kampf mit der Horde Ulug-Machmeds begriffen ist, nützt Boris A. die Abwesenheit Vasilijs II. und die evtl. nach dem Sieg Vasilijs II. 1440 in Novgorod entstandene „innere Unruhe"[59] aus und führt Krieg in den Novgoroder volosti. Dazu kommen noch Raubzüge in Bezeckij-Verch, Zaborov'e und Toržok. Nachdem Vasilij II. in

---

[58] PSRL XV, S. 491: „ ...] *a s nim* [Vasil. II] *byla sila Tverskaja* [...]"
[59] Borzakovskij, a.a.O., S. 195.

Gefangenschaft geraten war, unternahm Boris A. noch zwei Züge gegen Novgorod, einen im Winter 1445-1446 und einen im August 1446. Im Zug 1445-1446 wurde Toržok genommen und 50 volosti Novgorods zerstört. Innerhalb zweier Jahre zerstörte Tver' 80 volosti in den Grenzgebieten von Bezeckij-Verch und Zaborov'e.[60] Zu dieser Zeit wurden 40 Fuhren *„životju i tovara moskovskogo i novgorodskogo i novotor'skogo"* nach Tver' in Bewegung gesetzt. Die angestrebte und durch glückliche Kriegsführung gelungene Ausdehnung des Einflusses Tver's auf zu dieser Zeit durch den Moskauer Großfürsten als Moskauer Gebiet beansprucht Randgebiete Novgorods, zeigen die Möglichkeiten und Fähigkeiten Tver's, die innere Lage Moskaus für sich auszunützen. Die territoriale Stabilisierung und Expansion läuft parallel zu einer außenpolitischen. Die genannten Gebiete und auch Ržev (vgl. Kap. VIII), die ständig zu Zwist zwischen Tver', Novgorod und Moskau geführt hatten, gelangten zu dieser Zeit in die Einflusssphäre Tver's. Bezeckij-Verch kam nach dem Tode Jurijs 1434 im Vertrag Vasilijs II. mit Šemjaka und Krasnyj, dem Vertrag, in dem Ržev Šemjaka zugeteilt wurde, als udel' an den letzteren.[61] Im September 1447 gelangt es an Ivan von Možajsk, dem es bei der Aufnahme von Verbindungen zu Šemjaka wieder abgenommen wurde. Indem Boris A. gegen diese Gebiete vorgeht, verbündet er sich mit den Gegnern Vasilijs II. Die Politik Boris Aleksandrovičs von 1444 bis 1446 läuft darauf hinaus, Schwierigkeiten Vasilijs II. rücksichtslos für sich auszunützen. Dabei nimmt er aber nicht Anteil an dem persönlichen Kampf der in Moskau um den Großfürstenthron streitenden Gegner, sondern sucht Verbindungen, die seiner Stärkung dienen können, nur auf politischer Ebene.

---

[60] PSRL IV, S. 124-125; Bd. XVI, S. 186, 189.
[61] vgl. Čerepnin, Obrazovanie, a.a.O., S. 763; DDG Nr.34

Es gelingt ihm, Novgorod zu schwächen, d.h. das Territorium Tver's auf Kosten Novgorods zu erweitern. Gleichzeitig versucht er, jegliche übermäßige Konzentration von Macht in den Nachbargebieten in den Anfangskeimen zu ersticken. Nach der Blendung Vasilijs II. Anfang 1446 sendet Šemjaka Boten nach Novgorod wegen weiterer Beziehungen und, eine Vermutung, wegen Hilfe gegen Vasilij II. Die Boten, die darufhin zu Šemjaka geschickt werden, hält Boris A. vier Monate in Tver' fest.[62]

Boris A., der wahrscheinlich ein Bündnis zwischen Šemjaka und Novgorod befürchtet, versucht mit dieser Handlung sich zwischen Šemjaka und Novgorod zu schieben. Vielleicht kann deshalb die Neigung Boris Aleksandrovičs zu Šemjaka auch als Ersatzleistung für die evtl. durch sein Dazwischentreten verhinderte Verbindung Šemjaka - Novgorod interpretiert werden, wenn die Gespräche Boris A. - Šemjaka nach dieser Episode stattfanden. 1446 versucht Boris A. selbst Beziehungen zu Novgorod zu knüpfen. Das Ergebnis ist das Projekt eines Vertrages oder ein Vertrag zwischen Novgorod und Tver'.[63]

8 1447-1449

Nach der Befreiung Vasilijs II. aus der „Verbannung" kehrt dieser aus dem Kyrillov-Belozerskij-Kloster nicht nach Vologda zurück, sondern geht nach Tver'.[64] Die Tverer Chronik berichtet dagegen, dass Vasilij II. von Vologda nach Tver' geht. Ebenso unbestimmt, wie der Fluchtweg Vasilijs II. nach Tver', ist das genaue Datum seiner Ankunft in Tver'. Nach der Tver. I. S.493 wird Vasilij II. 1446 in Tver' empfangen, nach

---

[62] PSRL IV, S. 126.

[63] Čerepnin, Obrazovanie, a.a.O., S. 795-796; SGGD. Nr.18; PSRL. IV, S. 126.

[64] Voskr.; Patr. l.

allen anderen Chroniken aber (Voskr. S.119; Patr. S.71; Soph. I und II und Avr. S.109) erst 1447, nach einer Novgoroder Chronik (Novg. IV, S.126) sogar erst 1448. Will man der Tverer Chronik Glauben schenken, was auch Čerepnin bei der Datierung der Ankunft Vasilijs II. in Tver' tut[65], so müssen doch die übrigen Chroniken berücksichtigt werden. Man muss annehmen, dass Vasilij II. im Spätjahr 1446 in Tver' erscheint, evtl. erst Anfang des Jahres 1447. Da keine Nachricht in den Chroniken enthalten ist, wer für Vasilij II. mit Tver' Verbindung aufnahm[66] und ob überhaupt Verbindungen bestanden, ist die Annahme Čerepnins, dass Vasilij II. auf Einladung Boris Aleksandrovčs nach Tver' kam, nicht haltbar.[67] Wenn Gespräche in Tver' zwischen Vasilij II. und Boris A. geführt wurden, dann können diese nur die Bitte Vasilijs II. um Hilfe gegen Šemjaka und einen, zwischen beiden angestrebten Vertrag enthalten haben.

Da Boris, als Fürst souverän über sein Gebiet herrschend, kurz zuvor Gespräche mit Šemjaka geführt hatte und als Bundesgenosse für diesen von ausschlaggebender Bedeutung war, dazu noch in den oben erwähnten Gebieten erfolgreich Krieg geführt hatte, musste Vasilij II. ein Bündnis Boris Aleksandrovičs mit Šemjaka jederzeit befürchten und diesem zuvorkommen. Aus diesem Grund konnte Boris A. dem hilfesuchenden Vasilij II. für Tver' sehr günstige Bedingungen vorlegen, die dieser, um überhaupt Hilfe zu bekommen, annehmen musste. Da Šemjaka zu dieser Zeit schon wieder Anhänger verlor, kann angenommen werden, dass Boris A. beschloss, aus der für ihn noch günstigen Lage Nutzen zu ziehen, dem Großfürsten Tver' als Ausgangspunkt für den Angriff auf Šemjaka anbot und die Initiative übernahm, Vasilij

---

[65] Čerepnin, Russkie feodal'nye archivy, S. 138.

[66] Borzakovskij, a.a.O. führt einen Bojarensohn „odnica Bolochova" an.

[67] Čerepnin, Obrazovanie, S. 803.

II. den Thron in Moskau wiederzubeschaffen. Die günstige Aufnahme Vasilis II. in Tver' zeigt, dass der blinde Fürst dem Boris A. außerordentlich gelegen kam, um, wieder im Besitz des Thrones in Moskau, eine Tver' gelegene Politik zu führen.[68] Die Annahme Čerepnins, Boris A. hätte die Lage ausgenützt, um die folgenden Aktivitäten Vasilijs II. kontrollieren zu können, geht zu weit.

Boris A. gewinnt Vasilij II. wahrscheinlich auch das Versprechen ab, den Sohn Vasilijs, Ivan, mit der Tochter Boris Aleksandrovičs, Maria, zu verheiraten[69], wenn nicht, wie Borzakovskij vermutet, die Heirat schon vor der Ankunft Vasilijs II. in Tver' beschlossen war. Die Parteinahme Boris Aleksandrovičs für Vasilij II., die u. U. nur zögernd zustande kam[70], veranlasste viele Parteigänger Vasilijs II., die in Litauen Zuflucht gefunden hatten, zu Vasilij II, in Tver' zu stoßen. Tver' wird zum Sammelpunkt der Kriegskräfte Vasilijs II., die, was aus den Chroniken nicht ersichtlich wird, entweder in Tver' selbst oder später auf dem Kriegszug gegen Šemjaka noch die Hilfe der aus Litauen kommenden Fürsten, Bojaren usw. „k.[njaz'] Vasilij Jaroslavič, k. Semen Obolenskij, k. Ivan Rjapolovskij, Feodor Basenok i inych bojar mnogo i knjazej i voevod mnogo, detej bojarskich množestvo „ und der Tatarenabteilungen Ksyms und Jagups beziehen.[71] Verstärkt wird das Aufgebot noch durch viele von Volokolamsk nach Tver' überlaufende Dienstleute Šemjakas, dessen Autorität im Sinken begriffen ist.[72]

---

[68] Lur'e, a.a.O., S. 100.

[69] PSRL XV, S. 493; vgl. Borzakovskij, a.a.O., Anm.933; Lur'e, a.a.O. S. 100.

[70] Lur'e, a.a.O., S. 100-101.

[71] PSRL VI, S. 269.

[72] Čerepnin, Obrazovanie, a.a.O., S. 803.

Die Kriegshandlungen verlaufen mit Hilfe Tver's für Vasilij II. günstig: Uglič, das sich eine Woche hält, ergibt sich, nachdem die Belagerung durch Tverer Kanonen verstärkt wird.[73] Moskau wird eingenommen und 1450 Galič.[74] Mit der Unterstützung Tver's kann Vasilij II. Šemjaka niederringen, wobei durch das Slovo die Einzigartigkeit und Bedeutung der Hilfe Tver's mit einer präzisen Namensnennung der Heerführer Tver's bei der Eroberung Ugličs, *Semen* und *puše čnik Mikula Krečestnikov*, betont wird.[75] Zu Beginn der Kriegshandlungen Vasilijs II. gegen Šemjaka greift Boris A. Ržev an, erobert es und setzt zwei namestniki (Statthalter) ein, *Vasilij Konstantinovič* und *Lev Izmailov*.[76]

Ähnlich Bezeckij-Verch und Toržok war Ržev ein Gebiet, das zur Interessensphäre sowohl Novgorods, als auch Tver's und Moskaus gehörte. 1435 hatten Novgorods Truppen dieses Gebiet angegriffen und geplündert.[77] 1437 war es im Besitz Šemjakas (DDG Nr. 34, S. 87-89), danach in dem Vasilijs II. Mit dem Übergang in den Besitz Tver's 1447 gelingt es Boris A., der Umklammerung durch Moskau zu entgehen. Mit der Vereinigung Rževs mit Moskau hatte dieses Tver' von allen Seiten umfasst. Nur im Norden grenzte Tver' noch mit den Gebieten Bezeckij-Verch und Toržok[78] an Novgoroder Gebiet. Vasilij II. gesteht Boris A. Ržev zu, vielleicht als Belohnung für die geleistete Hilfe: „[...] *a knjazju velikuju Borisu A. dal Rževu* [...].[79] Das Slovo begründet die Berechtigung der Einnahme von Ržev mit dem Wunsch Boris Aleksandrovičs seine

---

[73] PSRL XV, S. 493; Bd. VI, S. 178.; Bd.VII, S. 120.

[74] PSRL XVI, S. 192.

[75] Lur'e. a.a.O.

[76] PSRL XV, S. 493 "[...] *a vzjal Rževu togda o velikom zagovenii* [...]"

[77] Patr. 1435

[78] vgl. Ljubavskij, M. K.: Obrazobanie osnovnoj gosudarstvennoj teritorii velikorusskoj narodnosti, Leningrad 1929, S. 82.

[79] PSRL XV, S. 493.

„*pradedina*" [großväterliches Erbe] zurückzugewinnen.[80] 1449 nimmt Kasimir IV von Litauen Ržev ein[81], nimmt den Tverer namestnik Lev Izmailov gefangen, gibt das Gebiet aber in dem Vertrag mit Boris A. im selben Jahr an Tver' zurück, in dem Jahr, in dem nach dem Slovo Boris A. mit Hilfe des Ivan von Možajsk einen Sieg über Kasimir erringt.

9 Tver' in den Moskauer Dokumenten von 1447 und 1448

In den Waffenstillstandsverhandlungen und Verträgen, die 1447 in Moskau geschlossen werden, spielt Boris A. eine besondere Rolle. Bezeichnend ist der offensichtliche Wunsch Vasilijs II., die frische Verbindung mit Tver' in Verhandlungen mit ehemaligen Gegnern vertraglich zu manifestieren. Dagegen fehlt eine Betonung der Einmütigkeit Vasilijs II. mit Boris A. von Tver' in Verträgen mit Fürsten, die nicht als offene Gegner Vasilijs II. in Erscheinung getreten waren. Vasilij II. rückt deshalb in Verträgen seine Verbindung mit Boris A. in den Vordergrund, um mit einer solchen unterschwelligen Drohung seine Stellung gegenüber den Verhandlungspartnern zu stärken. Dazu tritt die Bestätigung der „Einmütigkeit" Vasilijs II. und Boris A. in den von ehemaligen Gegnern abgefassten Dokumenten und die Verpflichtung dieser, mit Tver' „in Frieden und Vertrag" zu treten. In dem Vertragsentwurf zu einem Waffenstillstand zwischen Vasilij II. und Ivan von Možajsk und Michail Andreevič von Vereja und Belozersk vom Anfang Juli 1447[82] taucht zum ersten Mal die Formel „*A knjaz velikij B. A. s našim*

---

[80] Lur'e, a.a.O., S. 101.

[81] PSRL XV, S. 494.

[82] DDG Nr. 46, S. 141; Čerepnin, Feodal'nye, S. 140

brat'em staršim, s. v. k. odin čelovek, a nam s nim ljubov' i dokončanie vzjati po starine"[83] auf.

Im Vertrag vom September 1447[84] zwischen Vasilij II. und Ivan von Možajsk ist Boris A. mit Vasilij II. ebenfalls „odin čelovek". Možajsk verpflichtet sich „Liebe zu empfangen": „[...] a mne, godpodin, s nim (Boris A.) ljubov' vzjati [...]".Ebenso ist Boris A. in dem von Čerepnin auf Anfang Juli 1447 datierten Waffenstillstand zwischen Šemjaka, Ivan von Možajsk, Michail von Vereja und Vasilij von Serpuchov-Borovsk eingeschlossen.[85] Šemjaka und Ivan von Možajsk versprechen auch hier, mit Boris A. in Beziehung zu treten und „mit ihm Liebe und Vertrag nach alter Gewohnheit zu nehmen (s nim ljubov' i dokončanie vzjati po starine)". Der nach Čerepnin zwischen dem 31. März und 6. April 1448 zwischen Vasilij II. und Ivan von Možajsk[86] entstandene Vertrag wurde als Erstausfertigung durch Boris A. dem Fürsten von Možajsk zugestellt.

Die Urkunde ist mit dem Siegel Boris Aleksandrovičs gesiegelt. Neben dem durch das Siegel schon angedeuteten Mittlerverhältnis Boris Aleksandrovičs ist dieser ebenso wie die Fürsten von Vereja und Serpuchov-Borovsk als Schiedsmann bei einem Bruch des Vertrages vorgesehen.[87]

Die Rolle, die Boris A. und seine Familie (Nastasja, die Frau Boris', gestorben 1451, war die Schwester Ivans von Možajsk) in dieser Urkunde spielen, geben dem Großfürsten von Tver'

---

[83] „Mit dem Großfürsten Boris Aleksandrovič jedoch, unserem älteren Bruder, sind wir eine Person und verbinden uns mit ihm in Liebe und nach alter Gewohnheit."

[84] DDG Nr. 48, S. 147.

[85] Čerepnin, a.a.O., S. 140; SggD Nr. 67, S. 149-150.

[86] DDG Nr. 51; Čerepnin, a.a.O., S. 142-146.

[87] „[...] a k tomu vveli esmja po sobe na obe storony brata našego v. k. B. A. Tferskogo i svoju sestru, a ego Velikuju Knjaginju Nastasju [...] a brat nas k. v. B. A.[...] budut s pravym na vinovatogo."

theoretisch die Möglichkeit, in die inneren Verhältnisse Moskaus bei einem Vertragsbruch einzugreifen. Diese rechtliche Fixierung der Stellung Boris Aleksandrovičs als Mittler dokumentiert die engen Beziehungen Tver's in dieser Zeit zu Vasilij II., auf dessen Wunsch Boris A. wahrscheinlich auch als Mittler eingeschaltet wurde. Die Urkunde stellt den Höhepunkt der Einbeziehung Tver's als Verbündetem Vasilijs II. und gewichtigem außenpolitischen Faktor in den Moskauer Wirren dar.

10 Die Verträge von 1456 zwischen Boris A. und Kasimir IV. und Vasilij II. und Kasimir IV.

Der Vertrag des Jahres 1449 zwischen Kasimir IV. von Litauen und Boris A.[88] verdankt seine Entstehung den Ereignissen, die sich vor Vertragsabschluss zwischen Litauen und Tver' ergeben hatten, der Besetzung des zu dieser Zeit zu Tver' gehörenden Rževs durch Kasimir IV.[89] Im Vertrag wird außer der Rückgabe Rževs an Tver' („[...] i ty sja Rževu mne otpustil [...]" die gegenseitige Hilfe ohne Ausnahme und die Freundschaftlichkeit des Bündnisses betont. Es wird ausdrücklich festgestellt, dass Boris A. gleichzeitig „ in Liebe und Vertrag" mit Vasilij II. sei. Der im August des gleichen Jahres abgeschlossene Vertrag zwischen Vasilij II. und Kasimir IV.[90] spricht neben der Betonung der Einheit Moskau-Litauen ebenfalls davon, dass Boris A. auf Seiten Kasimirs und mit Vasilij II. „in Liebe und Vertrag" sei. Beide Verträge zeigen, dass sowohl Kasimir IV. als auch Vasilij II. die Selbständigkeit

---

[88] DDG. Nr. 54

[89] PSRL XV, S. 494, direkt zum Vertrag führte die jetzt glaubhaftere Nachricht im Slovo über einen Sieg Boris Aleksandrovičs und Ivan von Možajsk über Kasimir; über die Verbindung Možajsk-Kasimir-Ržev vgl. Čerepnin, a.a.O., S. 144.

[90] DDG Nr.53

Tver's respektieren müssen. Das alte Abhängigkeitsverhältnis von Litauen, dokumentiert durch den Vertrag von 1427 mit Witold, ist erloschen. Novgorods Bewegungsfreiheit ist durch die Siege Tver's 1447 in den Grenzgebieten durch Tver' erheblich eingeschränkt. Vasilij II. muss Boris A. die Verbindung mit Litauen einräumen. Borzakovskij vermutet für diese Zeit[91] eine schwankende Haltung Tver's zwischen Vasilij II. und Litauen. Beide oben erwähnten Verträge zeigen aber, dass Boris A. es versteht, durch ein Ausbalancieren seiner „freundschaftlichen" Beziehungen zu beiden Nachbarn und der daraus entstehenden Stärke seine Handlungsfreiheit zu bewahren. Auch dem Fürst von Rjazan' muss Vasilij II., obwohl er seit 1447 in Rjazan' mehr Einfluss gewonnen hatte als in anderen Gebieten, in dem Vertrag vom August 1449 mit Kasimir IV., das Recht zuerkennen, „Kasimir zu dienen und ihm nicht darüber zu zürnen, noch dafür sich zu rächen"[92] Šemjaka kann bei seinem letzten Versuch, Vasilij II. zu besiegen, nach 1449 auf keinen Fall mehr mit einer Hilfe Boris Aleksandrovičs, der vorher schon Vasilij II. mit Truppen geholfen hatte, rechnen. In der Erkenntnis der Aussichtslosigkeit der Bemühungen um Tver' wendet sich Šemjaka vor seiner Flucht nach Novgorod 1453 gegen Tver' und versucht, Kašin einzunehmen, muss aber nach der Verwüstung mehrerer posade wieder abziehen.[93]

11 Der Vertrag von 1456 zwischen Vasilij II. und Boris Aleksandrovič

Aus der Mitte der fünfziger Jahre ist ein Vertrag zwischen Moskau und Tver' erhalten, dessen Datierung Čerepnin mit 1456 angibt, da unter den Feinden Vasilijs II. Šemjaka nicht

---

[91] Borzsakovskij, a.a.O., S. 198-199.
[92] DDG Nr. 53, S. 162.
[93] PSRL XV, S. 495. (10.September)

erwähnt wird, dagegen der 1453 geborene Sohn Boris Aleksandrovičs, Michail, und das Verbot, den 1454 nach Litauen geflüchteten Ivan von Možajsk aufzunehmen, Erwähnung finden.[94] Der Inhalt des Vertrags zeigt, dass Boris A. merklich unter den Einfluss Vasilijs II. geraten war, dessen Sohn Ivan (vgl. oben) 1452 die Tochter Boris Aleksandrovičs geheiratet hatte.[95]

Die Haltung gegenüber den Tataren ist beständig, d.h. beide Parteien verpflichten sich, kein Gebiet des Partners von den Tataren anzunehmen. Man bestätigt die gemeinsame Politik gegenüber Polen, Litauen und den Deutschen (nemcy). Ein erster Anhaltspunkt für eine Beschränkung der außenpolitischen Freiheit Tver's besteht darin, dass Tver' nicht wie früher in Verträgen mit Litauen mit diesem „Einmütigkeit" betonen kann, sondern Litauen gegenüber keine andere Haltung einnehmen kann, als sie Moskau einnimmt. Weiterhin wird Tver' nicht mehr das Recht auf Neutralität zugestanden, denn es muss sich verpflichten, keine Feinde Moskaus aufzunehmen, unter denen besonders Ivan von Možajsk und Familie und die Familie des gestorbenen Šemjaka erwähnt sind. Ohne Zweifel wurde dieser Passus von Vasilij II. in den Vertrag eingebunden, denn in seinem Interesse lag es, Tver', das früher – bis 1435 – eine Zuflucht für alle Parteien Moskaus war, endgültig als einen Sammelpunkt feindlicher Elemente auszuschalten. Frühere Bestrebungen Boris Aleksandrovičs zur Zeit der Schwäche Vasilij II., Novgoroder Gebiete in Besitz zu nehmen, werden abgestellt. Boris anerkennt Novgorod als votčina Vasilijs II. und verspricht, mit Novgorod „po starine", d.h. ohne Ansprüche auf Novgoroder Gebiet zu leben. Damit hat Vasilij II. die Stellung Tver's in Novgorod geschwächt und seine eigene gestärkt. Die Betonung der Beziehungen Tver'-

---

[94] Čerepnin, a.a.O., S. 154-155; Borzakovskij, a.a.O., S.198.
[95] PSRL XV, S. 495; Bd. VI, S. 271, Bd. VII, S. 125; Bd. XII, S. 77.

Novgorod in diesem Vertrag stützt die Vermutung Čerepnins, dass der Vertrag zwischen Boris A. und Vasilij II. im Jahr 1456 abgeschlossen wurde, etwa gleichzeitig mit dem Vertrag von Jazelbicy von 1456 zwischen Vasilij II. und Novgorod, nach dessen Zug gegen Novgorod. Trotz der gegenseitigen Anrede mit Bruder und der Absprache beim Tod eines Partners für dessen Familie zu sorgen, ist die Tendenz des Vertrages eindeutig: Boris A. ist gezwungen, sich der Außenpolitik Vasilijs II. weitgehend unterzuordnen und einen Teil seiner Souveränität über das eigene Gebiet, die Aufnahme von Flüchtlingen und Feinden Vasilijs II., aufzugeben. Es ist deshalb nicht zu verstehen, warum. Čerepnin feststellt, der Vertrag von 1456 stelle gegenüber den Verträgen von 1396 und 1439 keine Veränderung dar und „das politische Gleichgewicht sei erhalten geblieben"[96]. Der Weg zur Horde bleibt für Boris A. zwar offen „[...] a k Orde ti, brate, i ko carju put' čist' [...]"[97], ist aber im Vergleich zu den Einschränkungen, die Tver's Politik gegenüber 1439 erfährt, sehr gering einzuschätzen.

Die beidseitige Forderung nach Verweigerung der Zuflucht für Feinde des Vertragspartners trägt deutlich den Stempel der Absicht Vasilijs II.: Boris A. konnte nicht das Interesse an einer Verweigerung der Aufnahme seiner Gegner in Moskau haben, wie sie Vasilij II. in Bezug auf Ivan von Možajsk und die Familie Šemjakas hatte. Weiterhin fehlt die von 1439 bis 1449 Tver' zugestandene, uneingeschränkte Bewegungsfreiheit gegenüber Litauen. Das „[...] a k Žimontu celovanie složiti bez perevoda [...]" von 1439 fehlt ebenso wie die Bestätigung Vasilijs II. von 1449, dass Boris „auf der Seite" Kasimirs sei. Es bleibt nur der Satz: „ Wir jedoch, Bruder, sind eins gegen

---

[96] Čerepnin, a.a.O., S. 154-155.
[97] DDG Nr. 59, S.190. *"aber zur Horde und zum Herrscher hast du, Bruder, freien Weg"*

Tataren, Polen, Litauen und die Deutschen und gegen jeden unserer Feinde".[98]

12 Beziehungen der Geistlichkeit Tver'- Moskau und Tod Boris Aleksandrovičs

Über die Rolle der Geistlichkeit in den Beziehungen Tver'-Moskau ist keine Nachricht, die direkt Aufschluss z.b. über die Stellung der Geistlichkeit Tver's gegenüber der Moskaus geben könnte, in den Chroniken enthalten. Außer der Nachricht im Slovo über eine Teilnahme einer Gesandtschaft aus Tver' beim Konzil von Florenz (vgl. Kap- IV) als Alleinvertretung der Orthodoxie Russlands ist noch eine Notiz in der Voskresenskaja letopis' unter dem Jahr 1449[99] vorhanden. Der Tverer Episkop schickt seine Zustimmung zur Einsetzung des Rjazaner Erzbischofs Iona als Metropolit in Moskau: „[...] i episkop Tver'skij gramoty svoi poslaša, čto s nimi edinomyslenie na postavlenie na mitropoliju Iony vladyki Rjazanskogo". Die Betonung der Zustimmung des Tverer Episkopen zur Einsetzung des Metropoliten lässt den Schluss zu, dass in diesem Jahr 1449, parallel zu der aus den Jahren 1446 bis 1449 erwachsenen außenpolitischen Stärke Tver's auch die Geistlichkeit Tver's eine von Moskau unabhängige Stellung eingenommen hatte, immer in Beziehung auf die Stellung des Fürsten. Es ist nicht belegbar, ob evtl. vorher von Moskau in Tver' um Zustimmung zur Einsetzung Ionas nachgesucht wurde, könnte aber aus den Beziehungen Vasilijs II.- Boris A. zu dieser Zeit geschlossen werden. In die langsam beginnende Periode der Annäherung Tver's an Moskau fällt ein Sendschreiben des Metropoliten Iona an den Tverer Episkopen mit dem Ersuchen, Boris A. davon zu überzeugen,

---

[98] „A byti nam, brate, na Tatar, i na ljachi i na litvu i na nemcy zaodin i na vsjakogo našego nedruga".

[99] PSRL VII, S. 122.

Vasilij II. Hilfe gegen die Tataren zu schicken.[100] Aus der im Weiteren anklingenden Sorge des Metropoliten um den „allgemeinen russischen Gewinn (*vygod*)" und der Beschwörung des gemeinsamen Glaubens, klingt noch etwas aus der Schwäche Vasilijs II. an, der Šemjaka noch nicht vollständig besiegt hatte, gleichzeitig aber die Tatarengefahr vor sich sah. Die Einsetzung eines neuen Episkopen in Tver', nachdem der Vorgänger 1457/1458 gestorben war[101], kennzeichnet wieder die normale Situation innerhalb der Geistlichkeit beider Territorien.

Am 10. Februar 1461 stirbt Boris A. von Tver'; Nachfolger wird sein 8-jähriger Sohn Michail Borisovič ohne Anfechtung durch Tverer udel'-Fürsten[102], ein Zeichen für die ruhige Ablösung des Senioratsprinzips durch die Primogenitur. Bei Regierungsantritt Ivan Vasil'evičs in Moskau 1462 werden die Beziehungen Tver' – Moskau vertraglich durch die beiden Herrscher geregelt.[103] In dem, bei Borzakovskij[104] aus zwei Geheimverträgen bestehenden Vertrag werden die Regelungen des Vertrages von 1456 zwischen Boris A. und Vasilij II. fast ausnahmslos übernommen: die Stellung gegen Tataren, Polen, Litauen und Deutsche usw. Gebietsregelungen geschehen durch eine Kommission beider Vertragspartner.

---

[100] „[...] *i blagoslovljaju tobja, o sv. duše svoego syna, štoby esi o tom synu moemu v. k. B. A. govoril* [...] in: Akty istoričeskie, Nr. 51 (1451-1452); vgl. Solov'ev IV, S. 1086; Borzakovskij, a.a.O., S.199.

[101] PSRL XV, S.496.
[102] PSRL VII, S. 149; Bd. XII, S. 114; Bd. VI, S. 273, Bd. XV, S. 496.
[103] DDG Nr. 63
[104] Borzakovskij, a.a.O., S. 200.

Literaturverzeichnis:
Quellen:

Duchovnye i Dogovornye Gramoty Velikich I Udel'nich Knjazej XIV.XV vv., Moskau-Leningrad 1950

Polnoe Sobranie Russkich Letopisej, Petersburg 1851 ff
Letopis' Avramki (Abrahamschronik) PSRL XVI, SPb 1889
Patriaršaja letopis' (PSRL XII) SPB 1897
Sofijskaja pervaja letopis' (Sophienchronik I), PSRL V, SPb 1851
Sofijskaja letopis' (Sophienchronik II), PSRL VI, SPb 1853
Tipografičeskaja letopis' PSRL XXIV, Petrograd 1921
Novgorodskie letopisi (PSRL IV; PSRL XVI), M-L 1950
Voskresenskaja letopis' (PSRL VII), SPb 1859

Sekundärliteratur:

Alef, G.: Das Erlöschen des Abzugsrechts der Moskauer Bojaren, in: ZFOG Bd.10,Berlin 1965, S.7 ff

Borzakovskij; V. S.: Istorija Tver'skago knjažestva, Petersburg 1876

Čerepnin, L. V.: Obrazovanie russkogo centralizannogo gosudarstva, Moskau 1960
ders.: Russkie feodal'nye archivy XIV-XV vv., Moskau 1948

Fleischhacker, H.: Die staats- und völkerrechtlichen Grundlagen der moskauischen Außenpolitik (14. bis 17. Jahrhundert), Darmstadt 1959

Geschichte der UdSSR Bd.2, Feudalismus 14.-15.Jh., Berlin 1858

44

Ljubavskij, M. K. : Obrazobanie osnovnoj gosudarstvennoj teritorii velikorusskoj narodnosti, Leningrad 1929

Lur'e, Ja. : Rol' Tveri v sozdanii Russkogo national'nogo gosudarstva, in: Učenye zapiski Leningradskogo gosudarstvennogo universiteta, Nr.26, serija istoričeskich nauk, vyp.3, Leningrad 1939

Philipp, W.: Anonymus von Tver', in: Veröffentlichungen der Abteilung für slavische Sprachen und Literaturen des Osteuropainstituts an der Freien Universität Berlin, Bd.6, S.230-237, Berlin 1954

Presnjakov, A. E.: Obrazovanie Velikorusskago Gosudarstva, 1918

Slovo: soobščenie N. P. Lichačeva, SpB 1908, in: Pamjatniki drevnej pis'mennosti i isskustva CLXVIII

Solov'ev, S. M.: Istorija Rosii s drevneijšich vremen, Petersburg (1911)

II. Die Krönungsordines der Moskauer Herrscher

1 Die ordo Dmitrij Ivanovičs

Gegen Ende des 15. Jahrhunderts erscheint im Großfürstentum Moskau die erste Krönungsordo zur Krönung des Enkels Ivans III., Dimitrij Ivanovič (1483-1509)[105], zum Nachfolger auf den Großfürstenthron.[106] Zum ersten Mal wird in Verbindung mit der Einsetzung eines Fürsten die Kirche im Zeremoniell der Einsetzungsfeierlichkeiten als staatsstützender Faktor offiziell herangezogen, während in den Jahrhunderten zuvor beim Antreten des Fürstenerbes in den Chroniken nur in der einfachen Form *„sed na stol'*(setzte sich auf den Thron)" o.ä. berichtet wurde.

Die Krönungsordo Dimitrij Ivanovič's (*Čin postavlenie na velikoe knjažestvo knjazja Dmitrija Ivanoviča*), verbunden mit dessen feierlicher Einsetzung am 4. Februar 1498 als Großfürst, ist in verschiedenen Exemplaren erhalten. Eines davon im Charatejnyj Sinodal'nyj potrebnik des 15. Jahrhunderts[107], ein anderes im kirchlichen Ustav des XVI-XVII Jahrhunderts, der zur „Kaiserlichen öffentlichen Bibliothek" gehörte. Šachmatov vermutet, dass Abschriften in den Kirchen der wichtigsten Städte des Moskauer Reiches vorhanden waren. Er schließt dies aus einer Abschrift im Novgoroder Sofijskij Sobor (enthalten im „Sbornik Novgorodskoj Sofijskoj Biblioteki" des XVI. Jahrhunderts). Außerdem erfolgte die Übertragung der ordo in die verschiedenen Chroniken, so z.B. Nikonovskaja letopis' (PSRL

---

[105] Enkel des Boris Aleksandrovič von Tver' aus der Ehe dessen Schqester Maria Borisovna 1457 mit Ivan III.

[106] PSRL VII, S. 234; Bd.XII, S. 246.

[107] vgl.Barsov, S. 32-38.

Bd.XII, S.246-248), die Voskresenskaja letopis' (PSRL Bd.VII, S.234-236). Eine weitere Vermutung Šachmatovs ist die, dass die ordo auch im Posol'skij prikaz aufbewahrt wurde.[108]
Die ältere russische Forschung (Barsov, Val'denberg, Šachmatov) sieht in der Fassung des Charatejnyj Sinodal'nyj spisk die älteste, die Fassung, in der die Krone, mit der Dmitrij gekrönt wird, noch nicht den Beinamen Monomachs erhält, [und] einfach [als] šapka (Mütze) oder venec (Kranz, Krone) bezeichnet wird.
Dagegen nimmt Lur'e auf Grund einer äußerst genauen Untersuchung der verschiedenen erhaltenen Fassungen der ordo Dimitrijs als älteste diejenige an, in der von der *šapka Monomachova* die Rede ist, Dimitrij mit „zarischen" Würden und dem Zepter bedacht wird. Der Sinodal'nyj spisk erhält bei Lur'e zweitrangigen Charakter. Er erklärt es damit, dass, als „Dmitrij [...] auf Befehl seines Onkels und glücklichen Widersachers Vasilij III. getötet worden war", diesem daran gelegen sein musste, die Erinnerung daran, dass Dmitrij mit der šapka Monomachs gekrönt wurde genau wie auch die anderen für diesen ehrenhaften Einzelheiten, in den Quellen zu entfernen.[109]
Diese These Lur'es lässt sich dadurch erhärten, dass, als Vasilij III. Großfürst wird, in keiner Quelle die Rede von einer ordo ist, weil dieser den Gedanken an die feierliche Krönung Dimitrijs nicht provozieren wollte. Die Zeit der Wirren und der Rivalitäten in der Familie brachte es dazu, dass Vasilij III. ohne die Zeremonie der Krönung Großfürst wurde.[110]
Die Chroniken berichten 1502 nur von der „Segnung" und „Einsetzung" Vasilijs III. durch Ivan III als Großfürst.[111]

---

[108] Šachmatov, S. 248.
[109] Lur'e, S. 386.
[110] vgl. Savva, S. 144-146; Dj'jakonov, S. 135; Schäder, S. 86.
[111] vgl.Barsov, D. XXXII; D'jakonov, S. 136.

Die Argumentation Lur'es weist den Mangel auf, dass die Erzählungen und Legenden über die Herkunft der šapka Monomachs und die Übernahme derer durch diesen aus Byzanz erst in die erste Hälfte des 16. Jahrhunderts datiert werden können. Die Legende über die Herkunft der Insignien als „Bruchstück aus dem verzweigten Komplex der geistlich-politischen Erfindungen des 16. Jahrhunderts mit dem gemeinsamen thema probandum des russischen Selbstherrschertums"[112] findet erst in der Krönung Ivans IV. zum Zaren ihren vollgültigen Niederschlag.[113]

Über Entstehung und Verfasser der ordo Dmitrijs ist nichts bekannt. Die Nachricht, dass sich Ivan III. „mit demMetropolit von ganz Russland, mit den Erzbischöfen, Bischöfen, Archimandriten, Äbten und mit allen hochstehenden Leuten beriet"[114], spricht dafür, dass diese so wichtige Neuerung im staatlichen und geistlichen Leben des Moskauer Staates nicht ohne vorherige Absprache mit Geistlichkeit und Adel eingeführt werden konnte, ganz abzusehen von der evtl. Bereitwilligkeit der Kirche zuzustimmen oder durch Ablehnung das Projekt scheitern zu lassen. Eine andere Möglichkeit ist die, dass die Einführung einer Krönungszeremonie dem Großfürsten überhaupt von der Kirche angetragen wurde. Auf jeden Fall benötigte der Großfürst die Geistlichkeit für diesen Akt.

Die ordo Dmitrijs stellt noch am ehesten – im Hinblick auf die ordines ab Ivan IV. – ein Protokoll der Krönungszeremonie dar. In dieser ordo lässt sich, abgesehen von der Abfolge des Zeremoniells und dessen Bedeutung, eine Fülle von politischen Ideen feststellen, die gleichermaßen durch Geistlichkeit (Reden und Belehrung- *poučenie*- des Metropoliten) und Großfürst – Rede und poučenie)

---

[112] Šachmatov, S. 262
[113] a.a.O., S. 255-256.
[114] a.a.O., S. 11.

ausgedrückt werden. Die Zeremonie hat dadurch offizielle Bedeutung, [indem] sie offiziell niedergeschrieben wurde, die Deklarationen offiziellen Wortlaut hatten, die Handlung an einem offiziellen Ort, dem Uspenskij Sobor, stattfand. Es finden sich einerseits Elemente einer herrscherlichen Regierungsdeklaration in der Person des Herrschers durch dessen Rede während der zeremoniellen Handlung, andererseits eine kirchlich-herrscherliche Deklaration in den Reden, der poučenie des Metropoliten, Gebeten und symbolisch wohl in den kirchlichen Ritualen. Als Hauptthese sei vorweggenommen, dass alles Deklarierte sich nicht widersprüchlich als verschiedene Weltanschauungen gegenübersteht – hier Geistlichkeit, da Großfürst -, sondern sich ergänzt und ein einheitliches, festgefügtes System politischer Ideen bildet.[115]

Nach PSRL XII, S. 246, waren bei der Krönung außer dem Metropoliten, der den Akt leitete, von der hohen Geistlichkeit anwesend: der Erzbischof Tichon von Rostov, die Bischöfe Nifont von Suzdal', Vassian von Tver', Protarius von Rjazan, Avraam von Kolomensk, Ruthymius von Sarsk. Da diese Namensaufzählung wahrscheinlich der späteren Übertragung der ordo in die Chroniken folgt und die Namen, außer dem des Metropoliten Simon, nicht in der ordo auftauchen, sind diese Personen für die Behandlung des Themas unwichtig.

Nach der Beschreibung der Tätigkeiten für die Herrichtung der Kirche für die heilige Handlung am Anfang der ordo – so z.B. werden drei Stühle für Metropolit, Ivan III und Dmitrij nebeneinandergestellt, spricht der Metropolit mit dem gesamten Sobor das Gebet für die Gottesmutter und den Wundertäter Peter. Die Gestalt des Metropoliten Peter erscheint deshalb im Anfangsgebet, da dieser den Metropolitensitz nach Moskau verlegt und damit Moskau zur

---

[115] Šachmatov, S. 255-256.

Hauptstadt des rechtgläubigen Russlands [ge]macht hatte. Den Grund für das Gebet für die Hl. Dreieinigkeit gibt Barsov[116] mit der Niederlage der Tataren gegen Moskau auf dem Kulikovo pole an. Auf den Fahnen, die von den Russen während der Schlacht getragen wurden, standen die „Losungen der Hl. Dreieinigkeit", außerdem segnete der Einsiedler Sergius den Großfürsten für den Feldzug gegen die Tataren.

Die Gebete am Anfang der Zeremonie gleich mit der Person des Großfürsten als „von Gott Gesegnete[m]" und als „Vertreter des russischen orthodoxen Glaubens" zu verbinden, ist eine Überinterpretation durch Barsov, die wahrscheinlich von einer Vorwegnahme von Gedanken herrührt, die in der folgenden ordo auftauchen.

Auf die Anfangsgebete folgt die Rede Ivan III. an den Metropoliten, in der er diesem seine Herrschaftsansprüche und die seines Enkels „po starinu" darlegt und den Metropoliten bittet, die seinem Enkel übertragene Herrschaft (knjažestvo) von Vladimir, Moskau und Novgorod zu segnen und zu bestätigen. Dieser folgt der Aufforderung ohne Bezug auf die Gebiete unter segnender Handauflegung auf den Kopf des Dmitrij und spricht ein Gebet. In diesem wird von dem „carstvo" Dmitrijs gesprochen, indirekt also eine Bestätigung der Ansprüche Ivans.[117]

Hiernach wird, mit der vorhergehenden Segnung Dmitrijs durch den Metropoliten, Dmitrij der große Halsschmuck, die barma, durch Ivan III aufgelegt. Nach der molitva taj erfolgt die Auflegung der šapka, ebenfalls durch Ivan III. Anschließend an die Begrüßung des neugekrönten Herrschers und seines Großvaters durch die Hierarchie folgt die poučenie des Metropoliten an Dmitrij, danach die Belehrung Dmitrijs durch Ivan III.

---

[116] Šachmatov, S. XV.
[117] Beschreibung der ordo nach PSRL Bd.XII, S. 246-248.

Auf den Inhalt der verschiedenen Reden und der Belehrungen soll im Zusammenhang mit der ordo Ivan IV eingegangen werden.

In diesem Zusammenhang ist es nötig, die Gründe für das Auftauchen der ersten Krönungsordo gerade zur Jahrhundertwende in Russland und den Zusammenhang der russischen ordines mit Zeremonien in Byzanz zu untersuchen. Barsov gibt eine genaue Darstellung der Übernahme der russischen ordines aus dem griechischen Imperium und ihrer Wurzeln im Osten.[118]

Wenn man Barsov auch nicht in der inhaltlichen Interpretation der ordines folgen kann, die, da seine Untersuchung aus Anlass der Krönung Alexander III. entstand, sehr emotional gefärbt ist, so kann man dies fast ausschließlich seiner Untersuchung über die Herkunft der russischen ordines. Barsov sieht z.B. die Legende von der Übernahme der Insignien durch Byzanz aus Babylon als wichtig für das Verständnis der Idee des rechtgläubigen Zaren von Russland an, besonders in Beziehung auf die Krönung Ivan IV.

Der historische Abriss der Entwicklung der ordines in Byzanz durch Barsov gipfelt in der Feststellung, dass die letzte erreichte Form der ordines in Byzanz bei der Krönung des Imperators nach Moskau überging.[119] In Byzanz stellte die feierliche Handlung einen engen Zusammenhang zwischen Kirche und Imperator her. Die kaiserliche Krone erhielt man in der Kirche und von der Kirche. Die Kirche war bestrebt, die Autorität und Macht des Kaisers dadurch zu erhöhen, indem der Imperator vom Patriarchen „heilig" und „würdig" genannt wurde, der Imperator in priesterlicher Kleidung erschien und das Volk segnete. In Beziehung der Übernahme der Krönungsordo aus Byzanz geht die Forschung in ihrer

---

[118] PSRL XII, S. V ff
[119] a.a.O., S. XI

Meinung auseinander. Savva[120] stimmt mit Pokrovskij[121] darin überein, dass die ordo Dmitrijs Ähnlichkeit mit der Chirotonie der Cäsaren in Byzanz hat, aber nicht mit der Krönung der Imperatoren. Pokrovskij[122] geht jedoch soweit, dass er, mit der allgemeinen Forschung[123] noch in der Beurteilung der Krönung Dmitrijs als bloßer Einsetzung als Großfürst einig, nur in der Auflegung der šapka und barma einen Unterschied in der ordo Dmitrijs zur Einsetzung früherer Großfürsten sieht, schließt aber nicht aus, dass diese schon vorher bei Großfürsten vergeben wurden.[124]

Dagegen erklärt Savva die Entstehung der ordo Dmitrijs folgerichtig, nicht wie Pokrovskij mit der Erklärung des Bekannten durch Unbekanntes.[125]

Der Moskauer Großfürst hatte in Byzanz den Rang eines stol'nik.[126] Deshalb ist es nach Savva wahrscheinlich, dass die Übernahme der ordo Dmitrijs dem Rang entsprechend aus Byzanz geschah. Savva sieht in der ordo insofern eine neue Ordnung, als er Prestigefragen mit der Metropolie und einem übernommenen Muster aus Byzanz verbindet. Barsov[127] führt mehrere Gründe für das Auftauchen der ordines erst am Ende des 15. Jahrhunderts in Russland an. Die Aufnahme des Glaubens Byzanz' in Russland sei von den byzantinischen Imperatoren immer unter einem politischen Aspekt gesehen worden, d.h. die Übernahme des Glaubens hätte die russischen Fürsten in den Augen Byzanz' zu Untergebenen

---

[120] Savva, S. 114 ff.
[121] Pokrovskij, J. N.: Čin koronovanija gosudareij ego istorii, Cerk.vestn.1896, Nr.18, zit.in Savva, S. 111.
[122] a.a.O., S. 73 ff.
[123] Schäder, S. 53.
[124] vgl.Barsov, S. XV.
[125] Savva, S. 120 ff.
[126] D'jakonov, S.14.; stol'nik – Mundschenk bei Hof
[127] Barsov, S.XI

[desselben] gemacht. Bis ins 15 Jahrhundert sei die russische Kirche von Patriarchen abhängig, die Metropoliten Russlands Untergebene des byzantinischen Patriarchats gewesen. Die Metropoliten hatten so kein Recht, in Russland dieselbe Handlung vorzunehmen, die nach griechischem Brauch nur der Patriarch vornehmen konnte. Nicht zuletzt sei die alte Einheit in Russland vergessen worden, als die Kiever Rus' in udele (Teilfürstentümer) zersplitterte. Erst im 15. Jahrhundert wurde im Nordosten die votčina-Ordnung durch eine herrschaftliche Ordnung abgelöst. Für die Möglichkeit, dass der Moskauer Herrscher die Kirche als zustimmendes Element für eine Erhöhung seiner Macht benutzen konnte, sprechen Fakten wie der Zerfall Byzanz' sowohl in politischer Hinsicht (1453- Eroberung durch Türken) als auch in geistlicher, d.h. Ablehnung der Union von Florenz durch Moskau und die durch die politische Abhängigkeit von den „Ungläubigen" [entstandene] Unglaubwürdigkeit des byzantinischen Patriarchats für Moskau. Auf politischer Ebene- verbunden mit geistlicher Autorität- manifestierte sich die Erhöhung des Selbstbewusstseins Moskaus, d.h. der Fürsten, sicher durch die Heirat Ivan III mit Sophia Paleolog, einer „Erb[in] des byzantinischen Imperiums". Von politischem Kalkül und dem gestiegenen Selbstbewusstsein zeugt auch die Ablehnung eines Titels als König durch Ivan III, der ihm durch die Vermittlung des kaiserlichen Gesandten N. Poppel von Maximilian angeboten wurde.[128]

Savva[129] vergisst bei seiner Begründung des Erscheinens der ordines Ende des 15. Jahrhunderts mit der Stärkung des Moskauer Herrschaftsbereiches durch das endgültige Abschütteln des „mongolisch-tatarischen Jochs" die kirchlich-geistliche Seite des Erscheinens [der ordines] wie z.B. die kirchliche Überlieferung der ordines und die im 15.

---

[128] vgl. Lur'e, S. 348, S. 374; D'jakonov, S. 54-90; Barsov, S. XXI-XXV.
[129] Savva, S. 143.

Jahrhundert beginnende Autokephalie der Moskauer
Metropolie.

2 Die ordo Ivans IV.

Die ordo Ivan IV ist in zwei offiziellen Fassungen erhalten:
eine im Cerkovnyj ustav des 16. Jahrhunderts und eine als
Abschrift im Posol'skij Prikaz.[130] Šachmatov vermutet noch
eine dritte Fassung, die auch im Posol'skij Prikaz enthalten
sei, und eine abgekürzte Fassung, ebenfalls im Posol'skij
Prikaz.[131]

Die Annahme Savvas[132], dass es sich bei der Abschrift im
Posol'skij Prikaz, die dieser Untersuchung dient, um eine
Kompilation handelt (Erwähnung des Vaters des Gekrönten,
Erwähnung der Ehefrau Ivans, Anastasia, die er einen Monat
nach seiner Krönung am 13. Februar 1447 heiratet) lehnt
Šachmatov ab. Von den zwei Annahmen, dass die ordo Ivans
aus dem Werk Kodins entnommen sei, der eine Beschreibung
der Krönungszeremonie in Byzanz gibt[133], oder dass die ordo
Ivans IV von der östlichen Geistlichkeit mit der Bestätigung
seines Titels als Zar gesandt wurde[134], scheint Šachmatov die
letztere richtig.

Die ordo Ivans IV ist kein Protokoll, sondern ein
gesetzgeberischer Akt, worauf die wortwörtlichen,
gleichlautenden ordines für folgende Krönungen hinweisen.
Die Erwähnung des Vaters ist planmäßig in der gesamten
ordo verteilt, während bei einer Kompilation anzunehmen
wäre, dass der Vater zwei- oder dreimal erwähnt wird.
Weitere Unregelmäßigkeiten, wie z.B. Namensnennungen,

---

[130] Barsov, S. 67-90.
[131] Šachmatov, S. 248.
[132] Savva, S. 146.
[133] Barsov, S. 1-18.
[134] vgl.Savva, S. 146-150.

leitet Šachmatov aus der schriftstellerischen Mentalität und der Konkretheit im Denken des Verfassers ab, ebenso die Erwähnung des Namens Anastasias.

Šachmatov wie Val'denberg[135] sehen den Zeitpunkt der Abfassung der ordo Ivans IV. am Ende des 16. Jahrhunderts unter dem unmittelbaren Einfluss der Krönung Ivans IV.. Neben dem byzantinischen Vorbild für die ordo sieht Šachmatov eine entschiedene Anlehnung an die *starina*, die vom Metropoliten durch [sein] *„po drevnemu carskomu činu"* erwähnt wird. Auf die starina weisen nach Šachmatov desgleichen Gebete hin, die denen bei der Krönung Konstantin Vsevolodovičs[136] in der Vormongolenzeit ähnlich seien.

Der Umfang der Macht des Großfürsten (Dmitrij) und Zaren (Ivan IV) von ganz Russland sind in beiden ordines, der des Dmitrij und der Ivans, durch die Bestimmung als „Herrscher der Rechtgläubigen" festgelegt. Beim Gebet in der ordo Dmitrijs ist dieser „Bewahrer des unzerstörbaren Glaubens (*bljustitel' neporočnoj very)"* oder der „Beschützer des Willens der heiligen Kirche (*chranitel' svjatoj sobornoj cerkvi velenii)"*, den Gott „als Car in Seinem [Gottes] heiligem Volk errichtete (*vosdvig carem v narode (jazyce) Svoem svjatom"*. Das Gebet [ähnelt] dem in der ältesten ordo nach dem Charatejnyj spisk des XIV. Jahrhunderts.[137] Dmitrij geht mit der Kirche eine enge Verbindung ein. Indem er dieser staatlichen Schutz gewährt – dem russisch-orthodoxen Glauben überhaupt- erhält er eine Beschützerfunktion, die, wenn möglich oder nötig, seiner Interpretation bedarf.

In der ordo Ivan IV. ist der Zar „Diener Gottes". Er hat den „Rang von Engeln und Priestern"[138] und wird „rechtgläubiger

---

[135] a.a.O., S. 275.
[136] (* 1185; † 2.Februar 1218), ab 1212 Großfürst von Wladimir
[137] vgl.Barsov, S. 25-31; Šachmatov, S. 264.
[138] Šachmatov, a.a.O.

Zar" genannt. Als rechtgläubiger Zar ist Ivan IV. Herrscher über die „rechtgläubige Christenheit". Als Glaubensträger erhält der Zar außerordentliche Bedeutung, indem er, als er zur Salbung gerufen wird, als „heiliger (*svjatyj*) Zar" in der Verbindung mit „gottgekrönt" angeredet wird. Grundsätzlich macht der Text hier möglich, dass in die Herrschaft des Zaren auch andere, nichtrussische Rechtgläubige eingeschlossen werden. In der pouĉenie (Belehrung) Dmitrijs durch den Metropoliten und in der Abschlussrede Ivans III.[139] wird diesem ans Herz gelegt, „um die ganze rechtgläubige Christenheit von ganzem Herzen Sorge zu tragen", d.h. um alle rechtgläubigen Völker. Im Gebet des Metropoliten bittet dieser sogar um die Unterordnung aller eigengläubigen Völker unter den rechtgläubigen Herrscher: „Herr [...] unterstelle ihm, dem Herrscher (*car'*) alle fremden (*varvarskie*) Völker"[140].

An diesen Stellen der ordo Dmitrijs wird ein Herrschaftsanspruch des Großfürsten deutlich, der mit bekannten Äußerungen früherer Zeit nicht zu vergleichen ist. Das Gefühl für die Nachfolge Byzanz' oder die Gleichwertigkeit mit diesem- bestätigt durch die Kirche in der Person des Metropoliten- hat seinen Eingang in das Moskauer Staatsleben gefunden. In der ordo Ivans IV. wird der Gedanke vom rechtgläubigen Herrscher usw. wiederholt. Außerdem ehrt der Metropolit in seiner Rede über die „Herrschaft der rechtgläubigen Zaren über das Menschengeschlecht" den Zaren als Nachfolger „aller rechtgläubigen Kaiser". Symbolisch wird dies durch den Bezug auf die Erzählung über die Übertragung der Regalien Monomachs aus Byzanz nach Moskau.[141] Grundlagen der Stärkung der großfürstlichen Macht in den beiden ordines sind somit: Der Herrscher ist

---

[139] Barsov, S. 36.
[140] a.a.O., S. 34; PSRL Bd.XII, S. 247.
[141] a.a.O., S. XXIV-XXVI; Lur'e, S. 387-388.

„von Gott ausgewählt (*bogom izbrannyj*)", d.h. seine Macht wird ihm von Gott durch die Kirche gegeben; seine Macht ist durch die Segnung der Kirche und die Auflegung der barma und der Krone unter Beachtung der kirchlichen Rituale geheiligt (Ivan IV ist selbst „heilig").

In der ordo Ivans werden die „Gotteingesetztheit" des Herrschers und die Heiligung der Macht durch die Kirche in der Aufzählung der heiligen Handlungen, die mit den Regalien vorgenommen werden, genau beschrieben: Die Regalien werden mit besonderer Ehrfurcht behandelt. Sie werden, von den kirchlichen und den weltlichen Würdenträgern „mit Furcht und großer Ehre" behandelt. Sie werden mehrmals geküsst, man verbeugt sich vor ihnen wie vor Heiligenbildern. Dem Herrscher selbst sieht man „mit Furcht und Zittern" entgegen. In der Rede Ivans an den Metropoliten[142] vor der Krönung wird die *starina* der Macht des Herrschers als altes Gewohnheitsrecht, als alter Rang, den seine Vorfahren von jeher hatten (*po drevnemu našu činu*), durch ihn selbst erläutert. Er bittet den Metropoliten um die Bestätigung seiner „Gottausgewähltheit" und seiner Rechte als Zar. Die Antwortrede des Metropoliten beinhaltet die volle Anerkennung der vom Großfürsten beanspruchten Rechte und ihre geistliche Begründung: „Du wirst nun von Gott eingesetzt, gesalbt und genannt Großfürst Ivan Vasilevič, gottgekrönter Zar und Herrscher (*samoderžec*) von ganz Groß-Russland (*vseja velikaja Rusi*))". Ein enges, die Person des Herrschers an die Kirche bindendes Verhältnis drückt sich in einer Formulierung der poučenie aus: Ivan IV ist der „geliebte Sohn der Hl Kirche und unserer Demut (Metropolit)".

Eng verbunden mit den dem Herrscher von der Kirche zugestandenen Rechten sind die Pflichten, die ihm in der

---

[142] Barsov, S. 73-74.

poučenie auferlegt werden. Die poučenie ist der wohl wichtigste Teil der ordines hinsichtlich der Verpflichtungen des Herrschers dem Volk, dem Glauben und damit der Kirche gegenüber. Die Belehrung ist in der ordo Dmitrijs kurz, setzt aber grundsätzlich dieselben Akzente wie der ordo Ivans. Der Großfürst hat das Recht und das allgemeine Wohl zu überwachen. Im Gebet nach dem ältesten čin des XIV. Jahrhunderts und in der ordo Dmitrijs betet die Kirche darum, dass der Fürst gerecht sei, den Untergebenen Gnade erweisen, gerechtes Gericht halten solle usw. In der Belehrung durch den Metropoliten und Ivan III. wird Dmitrij aufgefordert: „Liebe die Wahrheit und Gnade und gerechtes Gericht und hege Sorge von ganzem Herzen um die ganze Christenheit".[143] In der Belehrung Ivans IV. durch den Metropoliten Makarius tauchen dieselben Gedanken auf – gründlicher formuliert und ausgeweitet.[144] Er soll „Gottesfurcht im Herzen" tragen und „den christlichen Glauben nach griechischem Gesetz" reinhalten, sein Reich, das ihm von Gott gegeben ist, beschützen.

Den allgemeinen Formulierungen treten präzisere zur Seite: Der Zar ist verpflichtet, den Glauben der russischen Kirche zu bewahren, ihr Gottesfurcht entgegenzubringen und sie zu ehren, dem Klosterwesen den Glauben zu halten, seine geistliche, carische Schuldigkeit dem Metropoliten und allen Heiligen zu erweisen. Sein ganzes Sinnen soll er auf das rechtgläubige Dogma richten, die Kirche, die seine Mutter sei, ehren, auf dass er selbst von ihr geehrte werde. Angeschlossen an den Bereich des Glaubens und den der Gerechtigkeit, Gnade usw. sind die Verpflichtungen, die die Kirche dem Herrscher hinsichtlich seiner direkten Untergebenen- Fürsten, Bojaren usw.-auferlegt. Diese soll er gemäß ihrer *starina* , ihrer otečestva, behandeln und soll ihre

---

[143] Barsov, S. 36; PSRL Bd.XII, S. 248.
[144] Barsov, a.a.O. S. 80-81; Šachmatov, S. 268.

Rechte achten. Šachmatov[145] sieht hierin die Manifestation
eines Kampfes, der von der politischen Ebene in die ordo
eingeflossen ist: der Kampf zweier stariny, der der
teilfürstlichen und bojarischen und der des Alleinherrschers.
Das theokratische Element hat in der ordo eindeutig die
Oberhand gewonnen. Wenn, wie D'jakonov vermutet[146], an
der Einarbeitung des poučenie Makarius selbst in
entscheidendem Maße teilhatte, so muss man annehmen,
dass dieser mit dem Anführen der Rechte des Adels
wenigstens einen Teil der starina dieses „Standes" zu sichern
beabsichtigte.

Als Gründe, die zur Entstehung der ordo Dmitrijs bei dessen
Krönung 1498 führten, müssen unbedingt die obengenannten
wie der Untergang Byzanz als ein in politischer und geistiger
Hinsicht Moskau bestimmender Faktor, die innere
Konsolidierung Moskaus usw. herangezogen werden. Am
Ende des 15. Jahrhunderts beginnt in Moskau der Gedanke
der Nachfolge Byzanz' in verstärktem Maße zuzunehmen.
So ist es verständlich, dass man – als Erbe des rechten
Glaubens- in Moskau darauf bedacht war, zur Erhöhung der
Macht des Herrschers entsprechende Handlungen aus Byzanz
zu übernehmen, vor allem, da man schon längere Zeit in
kirchlichen Kreisen Kenntnis von den Krönungszeremonien
sowohl der Imperatoren als auch der Cäsaren hatte.[147] Nach
Savvas einleuchtender Erklärung muss man annehmen, dass
für die Krönung Dmitrijs das kirchliche Zeremoniell der
Krönung der Cäsaren benutzt wurde. Sicherlich scheute man
sich in Moskau noch, das Zeremoniell, mit dem bisher in
Byzanz der Imperator gekrönt wurde, zu beanspruchen. Als
Insignien werden 1498 noch die in den Testamenten der

---

[145] Šachmatov, S. 272.
[146] a.a.O., S. 109.
[147] Barsov, S. 1-24.

Moskauer Großfürsten erwähnte šapka und die barma, das Schultertuch, benutzt.[148]
In den rituellen Handlungen der ordo gehen Kirche und Herrscher eine Ehe ein, was man fast wörtlich nehmen kann.[149] Während und nach der Zeremonie werden Handlungen vorgenommen, die, wie z.b. das Überschütten des Herrschers mit Münzen, aus Hochzeitsbräuchen abgeleitet sind. Für H. Schäder[150] endet diese „Ehe" von 1498 mit der „Gleichberechtigung", ja „geistlichen Überordnung" der Kirche über den Herrscher. Die Autorin führt hierzu größtenteils Argumente an, die an die Zeremonie gebunden sind: Der Metropolit hat seinen Sitz neben dem Großfürsten, er hält eine belehrende Rede an den Großfürsten nach der Bekleidung mit den Regalien, der Großfürst hat keine kirchliche Funktion wie in Byzanz und wird nicht „heilig" genannt. Wenn diese zeremoniellen Besonderheiten sicher zu Gunsten des Metropoliten, d.h. der Kirche sprechen, liegt das Wichtigere sicher in den Reden beider Seiten- der Kirche und des Großfürsten- und in der poučenie des Metropoliten. Und hier stellt man fest, dass der Großfürst durch das Zeremoniell, d.h. durch die Kirche in der Macht bestätigt wird. Die Macht des Großfürsten wird sogar erweitert, indem er in gewissem Maße eine geistliche Funktion als „Herrscher der Rechtgläubigen" erhält. Man könnte das Faktum des Auflegens der Krone auf Dmitrij durch Ivan III als Selbständigkeit [und Unabhängigkeit] der weltlichen Macht von kirchlicher Macht unter Ivan III. ansehen.
In der ordo Ivans IV. erweitern sich die Machtansprüche des Herrschers um ein Gewaltiges. In dieser ordo finden auch die Anfang des 16. Jahrhunderts in Moskau voll ausgearbeiteten Ideen von der Nachfolge Byzanz' in jeglicher Hinsicht ihren

---

[148] vgl. Solov'ev, S. 156-197.
[149] vgl. Barsov, S. XXII-XXIII.
[150] Schäder, a.a.O., S. 53.

Ausdruck. Ivan IV. lässt sich zum Zar krönen. Seine Krone ist die Krone der Legenden des 16. Jahrhunderts, die šapka Monomachs, die aus Byzanz stammen soll. Die Annahme dieses Titels [durch Ivan IV.] ist wesentlicher Ausdruck des „russischen kirchlich-politischen Bewusstseins" [151]. Die Rus' als Nachfolgerin der griechischen Rechtgläubigkeit musste auch einen Kaiser als obersten Vertreter und Beschützer der Kirche haben. Das theokratische Element ist in der Bezeichnungen des Herrschers als „gottausgewählt", „rechtgläubiger Herrscher", „Diener Gottes" usw. voll ausgestaltet. Der Metropolit als Vertreter der Kirche gibt dem Herrschaftsgedanken den ideologischen Inhalt und die Form. Bezeichnend ist, dass die jüngste *starina,* z.B. die Machtübergabe an den ältesten Sohn, die erst ca. ein halbes Jahrhundert unangefochten in Moskau besteht, und der Anspruch, als Zar bezeichnet zu werden, durch die Bestätigung der Kirche starina ist, wenn sie zu einer solchen im „herrscherlichen und rechtlichen Selbstverständnis" wird. [152]

D'jakonov vermutet, dass an der Ausarbeitung der ordo, besonders des poučenie, der Metropolit Makarius, ein Iosiflane, selbst beteiligt war. Im ersten Teil der Belehrung befinde sich eine Stelle, in der über die Höhe der zarischen Würde gesprochen wird. Diese sei gänzlich aus der „Poslanie" Iosifs an den Großfürsten Vasilij III. über die Ausrottung der Häresie genommen. Die Gedanken des „Poslanie", das von Makarius schon einmal als Novgoroder Erzbischof benutzt wurde, erhalten in der ordo Ivans als Doktrin des „theokratischen Absolutismus" offiziellen Charakter. [153] Die Hauptverpflichtung des Zaren, die Bewahrung des rechten

---

[151] Barsov, S. XXV.

[152] Šachmatov, S. 272.

[153] D'jakonov, a.a.O., S. 91-103.

Glaubens, leitet D'jakonov aus der im Kampf gegen die Häretiker entstandenen Theorie Iosif Sanins ab, worin („Prosvetitel'" – 13. Wort) dem Herrscher die Macht von Gott gegeben und dieser auch der „Hirt der Schafe vor den Wölfen" sei. Der Herrscher ist dafür allein Gott verantwortlich. Durch Zitate belegt D'jakonov weiterhin, dass es sich hierbei nicht mehr um eine Theorie von der göttlichen Herkunft der zarischen Macht handle, sondern um eine Vergöttlichung der Person des Zaren.[154]

Hinsichtlich der Verpflichtung des Herrschers dem Volk als politischem Faktor gegenüber, Gnade, Wahrheit, gerechtes Gericht, scheint keine Beeinflussung der ordo von kirchlicher Seite stattgefunden zu haben. Dagegen lässt der Gedanke über die Bewahrung der *starina* der Bojaren und Mächtigen nach ihrer „otečestva" in der Belehrung auf einen Einfluss iosiflanischen Gedankenguts schließen. In einem Schreiben Iosifs an den Fürsten von Dmitrov benutzt ersterer [die Formulierung] „Dich hat Gott in Dein Vatererbe (otečestva) gesetzt"[155].

Der Zar besitzt auch ausschlaggebende Autorität in Fragen der kirchlichen Souveränität. Dies wird daraus verständlich, dass für die Kirche die weltliche Macht zur Unterdrückung der häretischen Bewegung notwendig wird. Bei Iosif ist es wahrscheinlich die innere Notwendigkeit des Gedankengangs über die Rolle des Herrschers als Vorgesetztem aller Rechtgläubigen. Die Herleitung der Pflichten des Herrschers als Beschützer der „rechtgläubigen Christenheit" dient genauso der Herleitung seiner Rechte. Nach D'jakonov liegt die politische Bedeutung Iosifs in der Erhöhung des Ranges der herrscherlichen Macht. Iosif setzt sich im Bereich des Staates für eine absolute Macht der Moskauer Fürsten

---

[154] D'jakonov, a.a.O. S. 97-99.
[155] a.a.O., S. 101

gegenüber Teilfürsten ein.[156] Makarius (1482–1563), als
Iosiflane ein „strenger Folger der politischen Ansichten
Iosifs"[157] hinsichtlich der Rechte und Pflichten des Herrschers,
schreibt z.B. an Ivan IV. auf dem Zug gegen Kazan' von der
„festen, starken und ehrenvollen Herrschaft", die Gott in
dessen Hände gelegt habe.[158] Der Text der Belehrung
Makarius' an Ivan IV., [d.h.] die in die ordo Ivans IV.
übernommenen Grundlagen aus dem Gedankengut der
Iosiflanen, die dieser wahrscheinlich zur Ausarbeitung
benutzte, anerkannte die Rechte und die Vorrangigkeit der
herrscherlichen Macht, ebenso die Umschreibung der
Herrschaft des Zaren durch die Kirche an anderen Stellen der
ordo. D.h., die Kirche, besonders die Iosiflanische Schule, die
Anfang des 16. Jahrhunderts besondere Bedeutung gewinnt,
stellt sich der Stärkung der Macht des Herrschers zur
Verfügung. Andererseits muss sich der Zar (wie schon Dmitrij)
verpflichten, das Dogma anzuerkennen, der Kirche als
Interpretin des göttlichen Willens treu zu bleiben. Als
Vertreter der staatlichen Macht Gottes auf Erden muss der
Herrscher in seiner „Gotteingesetztheit" den göttlichen
Willen erfüllen, d.h. die Kirche anerkennt den Zaren insoweit,
als die Regierungspolitik nicht von ihrer geistlichen Richtung
abweicht.[159]
In der Interpretation der ordo Ivans IV. kann man Val'denberg
insofern zustimmen, als die Verpflichtung des Zaren die ist,
die er mit allen Rechtgläubigen teilt, und die ordo deshalb,
soweit sie die Verpflichtung des Zaren der Kirche gegenüber
berührt, keine Einengung der weltlichen Macht des Fürsten

---

[156] D'jakonov, a.a.O., S. 103.
[157] a.a.O., S. 108-109.
[158] a.a.O., S. 109; Nikon.let. VII, S. 137.
[159] vgl. Šachmatov, S. 277-278; D'jakonov, S. 128-130.

durch die Geistlichkeit darstellt., sondern eine Erhöhung und Stärkung der Macht des Staates. Abzulehnen ist aber die Meinung Val'denbergs, dass die herrscherlichen Befugnisse durch Verpflichtungen weltlicher Art, wie Wahrheit, Recht, Bestätigung der *starina* der Bojaren eingeengt werden. Es ist lediglich der Versuch, einen Rest der teilfürstlichen *starina*, d. h. deren Rechte, festzuhalten.

Auf geistlichem Gebiet erweitert der Staat seine Macht durch die Bezeichnung „Beschützer des kirchlichen Willens", kann evtl. Macht in Kirchenfragen ausüben, ist aber durch die Annahme des Titels „rechtgläubiger Zar" und die Verpflichtung auf das Dogma an die Kirche gebunden, die es wahrscheinlich im Sinn hatte, mit der Unterstützung des Herrschers gleichzeitig die Vorrangigkeit der Auslegung des Glaubens, d.h. Vorrangigkeit in geistlichen Belangen vor der weltlichen Macht zu behaupten und in einer gesetzartigen ordo die kirchlichen Rechte einzubringen. Hierzu gehört auch die Verteidigung des mönchischen Status durch Makarius und dessen Auftauchen in der ordo.

Literaturverzeichnis

Quellen
Barsov, E. V.: Drevne-russkie pamjatniki cvjaščennago ven čanija carej na carstvo. In: Čtenija, 1883, I

Nikonovskaja letopis', PSRL VII

Polnoe sobranie russkich letopisej, Bd. VI, VIII, XII (PSRL)

Sekundärliteratur:
D'jakonov, M.: Vlast' moskovskich gosudarej, Petersburg 1889

Lur'e, Ja. S.: Ideologičeskaja Bor'ba v russkoj publicistike konca XV- načala XVI veka, Moskau-Leningrad 1960 (Der ideologische Kampf in der russischen Publizistik vom Ende des 15. bis zum Anfang des 16. Jahrhunderts. Moskau-Leningrad 1960)

Pokrovskij, J. N.: Čin koronovanija gosudarej i ego istorii, Cerkovnyj vestnik 1896, Nr. 18

Šachmatov. M. V.: Gosudarsvenno-nacional'nyja idei „Činovnych knig" venčanija instituta v Belgrade, S. 245-279

Savva, V.: Moskovskie cari i Visantijskie Vasilevsy. Charkov 1901

Stökl, G. : Russische Geschichte von den Anfängen bis zur Gegenwart. Stuttgart 1963

Schäder, H.: Moskau, das dritte Rom. Darmstadt 1957

Val'denberg, V.: Drevnerusskija učenija o predelach carskoj vlasti. Petrograd 1916

Solov'ev, A. V.: Corona regni. [Hrsg. Manfred Hellmann], Darmstadt 1961, S. 156-197

III. Povest' o Novgorodskom belom klobuke[160]

1 Redaktion und Verfasser der povest' o Novgorodskom belom klobuke

Die bisher genaueste und beste Untersuchung der povest' liefert N. N. Rozov[161]. Rozov hält den von Kostomarov in den „pamjatniki drevnerusskoj literatury"[162] edierten Text wie dieser für den ursprünglichen. Neben der vorliegenden Fassung, die für die Arbeit verwendet wurde, bestehen, so stellt Rozov nach der Sichtung von über 250 Texten der povest' fest, noch zwei Redaktionen: eine kurze (die Abkürzung der zweiten hier verwendeten längeren Fassung) und eine längere Fassung, die, als Ergänzung von Kostomarov angeführt, eine Kompilation aus der ursprünglichen Fassung und der „Pseudokonstantinischen Urkunde" ist.

Zu den Forschern, die die kurze Redaktion des Textes als ursprüngliche ansehen, gehören A. D. Sedel'nikov[163] und Ja. S. Lur'e.[164]

Sedel'nikov begründet seine Annahme mit der Feststellung, dass die ältesten Abschriften von der Mitte des 16. Jahrhunderts der kurzen Redaktion zugehören. Lur'e geht

---

[160] turko-tatarisch: kalpak – weiche Kappe

[161] Rozov, N. N.: Povest' o Novgorodskom belom klobuke kak pamjatnik obščerusskoj publicistiki XV veka. In: TODRL Bd. IX, Moskau-Leningrad 1953, S. 179-219.

[162] Pamjatniki starinnoj russkoj literatury (Hg. N. Kostomarov. SPb 1860

[163] Sedel:nikov, A. D.: Vasilij Kalika:L'Histoire ert la legende. In: Revue des Etudes Slaves, Bd. Vii, Paris 1927, S. 224-240.

[164] Lur'e, Ja. S.: Ideologičeskaja Bor'ba v russkoj publicistike konca XV- načala XVI veka, Moskau-Leningrad 1960

über diese Argumentation hinaus und schließt, dass die Voraussage der Errichtung des Patriarchats für Russland in der povest' nur nach dessen Errichtung (1589) ihren Sinn hätte, in der kurzen Fassung dieses Faktum noch unbekannt, in der längeren aber enthalten sei, so dass die kurze Fassung die älteste sein müsse. Dass diese Argumente hinfällig sind, wird im Weiteren bewiesen.

Die der eigentlichen Erzählung voranstehende *posyl'naja gramota* des Dmitrij Grek tolmač ist nach Rozov[165] eine spätere, nicht vor Mitte des 16. Jahrhunderts zusammengestellte Anfügung an die Erzählung. Sie sei entweder eine Erklärung der Entstehung der povest' oder ein Versuch, der Erzählung größere Autorität zu verleihen. In der zweiten Hälfte des 16. Jahrhunderts gehen in Russland Verurteilungen der Vernichtung altgriechischer Bücher durch die „Lateiner" umher (Ivan Peresvetov, Maksim Grek).

Dieselbe Verurteilung findet sich auch in der povest'. Auffällig ist die Übereinstimmung der *posyl'naja gramota* mit dem Inhalt der povest': Die Erzählung hat unter derselben Verfolgung zu leiden wie der klobuk selbst. Die willkürliche Konstruktion der Geschichte der Aufzeichnung über den klobuk, die ihren Anfang in Byzanz nimmt und mit dem Abschreiben in Rom endet, ist der Richtung der povest', die von Rom über Byzanz nach Novgorod geht, entgegengesetzt.

Als drittes Argument für eine spätere Aufzeichnung der *posyl'naja gramota* führt Rozov die Unklarheit hinsichtlich der Personen, die die Erzählung angeblich in Rom abschreiben, an.

Dem in der Überschrift der povest' Dmitrij Grek tolmač genannten Autor könnten zwei, Anfang des 16. Jahrhunderts bekannte Dmitrij entsprechen: Dmitrij Trachaniot und Dmitrij Larev (oder Ralev). Am Anfang der Urkunde nennt sich der

---

[165] Rozov, TODRL S. 179 ff.

Verfasser selbst „Diener" des Erzbischofs Gennadij und „Mitja". Nach Rozov ist statt, wie Kostomarov es in seiner edierten Fassung mit „*Mitja mnogo čelom b'et*" tut, „*Mitja malyj čelom b'et*" zu lesen. Mit dieser Lesart (Mitja malyj) ließe sich die Unklarheit über den Verfasser beseitigen. Mitja ist so eine Anspielung auf Dmitrij Gerasimov (Ende 15. – Anfang 16. Jahrhundert), der in seiner Jugend Mitja malyj (der kleine Mitja) genannt wurde.[166] Dieser Dmitrij Gerasimov ist am Hofe des Erzbischofs von Novgorod, Gennadij, zu Anfang des 16. Jahrhunderts bezeugt.

2 Quellengrundlage der povest'

Rozov[167] legt in seiner Untersuchung über den eigentlichen Text der povest' dar, dass schon in der Überschrift die Quellengrundlagen deutlich unterschieden sind.
Die Überschrift besteht aus 5 Phrasen:
1) Ot istorii rimskija povest' velenija carskogo i čina svjatitel'skogo čjudna zelo
2) napisana vkratce ot časti žitija blagovernogo carja Konstantina rimskogo
3) i o sotvorenii svjatitel'skogo belogo klobuka
4) i otkudu načalo prijaša archiepiskupi velikago Novagrada, eže nositi na glavach svoich, a ne jako že pročii mitropoliti i episkopi
5) zde že o sem izvestno skazanie imat'
Die erste und zweite Phrase sind römische Quellen: die „Donatio Konstantina" (carskoe velenie o svjatitel'skom čine) und das „Žitie Konstantina". Dem „Žitie" sind entnommen: a) die Erzählung vom Tod des Maxentius, die Freude über die Nachfolge des Konstantin, b) die Amnestie der Christen, der

---

[166] Gudzij, N. K.: Istorija drevnej russkoj literatury. Moskau 1966, S. 304.
[167] Rozov, TODRL S. 187.

Aufstand der Christen, die Zerstörung der Gräber und c) die Krankheit Konstantins. Hierzu gibt Rozov Stellen an, in denen die povest' und das žitie genau übereinstimmen.[168]

Ab „tomu že ubo dnevni mimošedšu"(289-1) beginnt der Verfasser der povest' Einzelheiten aus der Donatio Konstantina zu benutzen. Das Žitie, vorher eine gewisse Identität mit der povest' aufweisend, wird zum bloßen Vehikel derselben.[169]

Den Novgoroder Teil der Erzählung stellen die Phrasen drei und vier der Überschrift dar. Er beginnt mit der sotvorenie des weißen klobuk. Mit einem Vergleich der Stellen in der povest' und der gramota über die Übergabe des klobuk an Sylvester durch Konstantin macht Rozov den Neubeginn deutlich. Der Verfasser beginnt die gramota zu improvisieren, der Stil wird verändert. Religiöse Sentenzen und die verschiedenen „Gesichte (videnija)" und „Stimmen (glasy)" wurden vorher nur dort gebraucht, wo sie nötig waren., jetzt begleiten sie jeden Schritt der Handelnden, d.h. der Verfasser muss ein in der historisch-kirchlichen und hagiographischen Literatur bewanderter Mensch gewesen sein.

Ein weiterer Beweis für die Abfassung in Novgorod und das individuelle Schaffen des Autoren sind für Rozov realistische Schilderungen, wie z.B. der Untergang des Schiffes (293-2) und die Krankheit des Papstes (295-1), [die sich von den üblich beschriebenen Wundern, wie die über das Wasser schreitenden Konstantin und Sylvester (293-2) abheben].

Von den im dritten Teil angeführten historischen Gestalten ist der Novgoroder Erzbischof Vasilij (1330-1352), dem in der povest' der klobuk gesandt wird, wohl die wichtigste Person. Vasilij, der gute Beziehungen zum Moskauer Metropoliten hatte, wurden, was durch die letopisi bezeugt ist[170], als

---

[168] Rozov, S. 191.

[169] a.a.O.

[170] Sedel'nikov, a.a.O.,S. 232.

Belohnung „*krestčatye rizy*[171]" geschenkt. Diese und die Tatsache, dass dem Nachfolger Vasilijs, Moses, eine ähnliche Kasette mit einem Begleitschreiben vom Patriarchen von Jerusalem mit der Auflage, diese nicht zur Demonstration, wahrscheinlich gegenüber Moskau, zu benutzen, geschenkt wurde, waren es, die wohl die Legenden um Vasilij und besonders die Legende um die Verleihung des weißen klobuk an diesen stimulierten.[172] Die Legende um die Übergabe des klobuk an Vasilij stellt nach Rozov in ihrer Überarbeitung den abschließenden Teil der povest' dar.

Die Legende entstand gegen Ende des 14. Jahrhunderts in Novgorod und wird durch eine ähnliche Legende in der 2. Novgoroder Chronik unter 1424 verfestigt. Zu dieser Verfestigung trugen wahrscheinlich der Kampf Novgorods um seine Unabhängigkeit, die Rivalität mit Moskau und das Bewusstsein einer Glanzepoche Novgorods unter Vasilij bei.[173] Nebenbei wurden vom Verfasser der povest' wahrscheinlich noch Sujets alter Novgoroder Legenden von den „verjagten Heiligtümern (*goninye svatinja*)", wie z.B. die von der Ikone der Heiligen Gottesmutter, die bei Novgorod auftaucht, benutzt.[174] Dem Sujet dieser Legenden gab der Verfasser einen neuen politischen Gedanken: Der klobuk ist nicht einfach ein „vertriebenes Heiligtum", sondern das Emblem der höchsten geistlichen Macht, die nach Russland gelangt. Rozov versucht, obwohl er sonst sorgfältig und logisch schlussfolgert, auch hier, wie an anderen Stellen, eine zentralistisch-moskauische Idee aufzubauen, indem er im Ergebnis die nicht zu unterdrückende Novgoroder Tendenz

---

[171] Messgewänder
[172] Sedel'nikov, a.a.O., S. 237; Rozov, a.a.O., S. 198.
[173] vgl. auch die Legende vom „Leben und Sterben des Lazar von Murom"
[174] Rozov, a.a.O., S. 200-201.

hinsichtlich der Funktion des klobuk in eine auf Moskau gerichtete „Apotheose" ummünzt.

3 Datierung der povest'

Eng verbunden mit einer inhaltlichen Interpretation der povest' ist die Frage nach einer genauen Datierung ihrer Entstehung. In der Forschung wurden bisher von verschiedenen Seiten Daten für die Entstehung fixiert, die sich auf zwei Zeiträume einengen lassen. Die überwiegende Zahl der Forscher nahm und nimmt als Entstehungszeitraum und Ort der Entstehung das Ende des 15. Jahrhunderts oder den Anfang des 16. Jahrhunderts am Hofe des Erzbischofs von Novgorod an. Die wenigsten dieser Forscher geben jedoch stichhaltige Argumente an. Eine Ausnahme bildet N. N. Rozov, dessen Argumentation in größeren Teilen übernommen werden soll. Andere Forscher, die den Entstehungszeitraum der povest' nicht vor der zweiten Hälfte des 16. Jahrhunderts annehmen, lieferten noch weniger überzeugende Argumente.[175]

An dieser Stelle soll versucht werden, Tendenzen des ausgehenden 15. Jahrhunderts mit Tendenzen der povest' in Einklang zu bringen, die durch andere Zeugnisse belegbar sind. Damit soll eine Argumentation, die die Entstehung der povest' am Ende des 16. Jahrhunderts ansetzt, widerlegt und eine gerechtere Interpretation der povest' ermöglicht werden.

Man kann annehmen, dass eine Legende, die von der translatio eines Symbols geistlicher Macht berichtet, dort

---

[175] Sedel'nikov, A. D.: Vasilij Kalika; Schäder,H.: Moskau, das Dritte Rom. Studien zur Geschichte der politischen Theorien in der slavischen Welt, Hamburg 1929, S. 81-83.

entstanden ist, [wo sich der] Zielpunkt der inhaltlichen Entwicklung, in diesem Falle Novgorod, [befindet]. Wie festgestellt wurde, ist die povest' in ihrer längeren Fassung des Werk <u>eines</u> Verfassers, der zwar Passagen aus anderen Quellen benutzt, diese aber in seinem Werk so verarbeitete, dass keine Brüche inhaltlicher sowie stilistischer Art entstehen. Rozov[176] entdeckte unter den eigenständigen Ausgaben der povest' (posyl'naja gramota des Dmitrij tolmač; eigenständige Erzählung) auch eine Niederschrift (napisanie) des Erzbischofs Gennadij, die in derselben Zeit als eigenständige literarische Produktion erschien. Diese napisanie ist eine mechanische Zusammensetzung einer eigenen, in der ersten Person gehaltenen Erzählung Gennadijs, die inhaltlich an die posyl'naja gramota des Dmitrij anschließt, und einer in der dritten Persion gehaltenen Darlegung der rituellen Ehrung des klobuk. In dem offensichtlich von Gennadij verfassten Teil freut sich dieser über die Entdeckung des Dmitrij in Rom und gibt bekannt, dass er selbst im Sofijskij Sobor in Novgorod etwas über den weißen klobuk gefunden und es zusammengestellt dem Sobor übergeben habe. Diese napisanie ist ein Indiz dafür, dass die povest' wirklich am Hofe des Gennadij bekannt war und von dort von einem, nicht genau zu bestimmenden Verfasser zusammengestellt wurde.

4 Der Inhalt der povest'

Die povest' zerfällt in der längeren Fassung in eine poslanie[177] und die eigentliche Erzählung, die 288-1 beginnt.

---

[176] Rozov, a.a.O., S. 179.
[177] Die genaue Überschrift lautet: Poslanie Dmitrija Greka Tolmača Novgorodcam Archiepiskupa Gennadija

Absender der poslanie ist der Grieche Dmitrij, Adressat ist der Erzbischof von Novgorod Gennadij (1485-1504). Dmitrij erwähnt den Grund seiner Reise nach Rom und die Weise, in der es ihm gelingt, die povest' zu lesen und sie nach Novgorod zu senden. Ursache des Schreibens ist angeblich der Auftrag des Erzbischofs, in den Chroniken in Rom eine Aufzeichnung über den sich in Novgorod befindlichen klobuk zu finden. Dmitrij, der mit dem päpstlichen Archivar Jakov in Verbindung tritt, erzählt diesem den Grund seiner Reise. Der Archivar berichtet ihm, dass seit alters her in Rom Gerüchte über die Entstehung des weißen klobuk kursierten, seine Herstellung auf Befehl Konstantins für Sylvester geschah, dass dieser klobuk wegen des Abfalls der Römer vom rechten Glauben nach Konstantinopel und [von dort] nach Novgorod geschickt worden sei. Auf die Frage Dmitrijs nach einer schriftlichen Überlieferung der Erzählung berichtet der Archivar, dass die Erzählung von Griechen zusammen mit einigen anderen Büchern nach Rom gebracht wurde, um sie vor den Ungläubigen (*bezbožnych turok*[178]) zu retten. Die römischen Kaiser ließen die griechischen Texte, unter ihnen den vom weißen klobuk, übersetzen und die Originaltexte verbrennen, um die Römer am Abfall zum orthodoxen Glauben zu hindern, und bewahrten die abgeschriebenen Texte nun im Geheimen auf. Den unter Schluchzen von Dmitrij vorgebrachten Bitten gelingt es, vom Archivar die Erlaubnis zu erhalten, den Text einzusehen und ihn abzuschreiben. Den Text schickt Dmitrij mit dem Moskauer gost' Foma von Sarevo nach Novgorod.

Die nun beginnende eigentliche Erzählung ist in vier grundlegende, den vier chronologischen Etappen der Erzählung entsprechende Teile unterteilt. Alle Teile sind nach dem gleichen Muster konstruiert:

---

[178] gottlose Türken

- die Erinnerung an irgendwelche legendären oder historischen, für die Datierung wichtigen Gestalten
- Ereignisse, die mit diesen Personen verbunden sind
- Jeder Teil schließt mit irgendeiner Episode ab, die die Entwicklung der Ereignisse oder den Inhalt logisch ergänzt.

Der erste Teil beginnt mit dem Tod Kaiser Maxentius' (305-312) und der Thronbesteigung Konstantins (306-337), d.h. der Beginn der Erzählung liegt im 4. Jahrhundert. Die Erzählung berichtet vom Gesinnungswandel Konstantins, der auf Anraten der Apostel Peter und Paul sich an Sylvester wendet, von diesem in wunderbarer Weise vom Aussatz befreit und dadurch zum ersten christlichen Kaiser wird. Die Erzählung wird durch die Episode der Legalisierung und Etablierung der Kirche in Rom beschlossen und mit dem Aufsetzen des weißen klobuk auf das Haupt Sylvesters durch Konstantin beschlossen, nachdem ersterer es abgelehnt hatte, die ihm von Konstantin angebotene Kaiserkrone zu tragen.
Der zweite Teil ist mit den Namen eines Königs Karul und dem de Papstes Formos (891-896)[179] verbunden. Als geschichtliche Person ist Papst Formos einer der ersten [Beteiligten] am Kampf des Katholizismus gegen die Orthodoxie, der zwischen deutschem Kaiser und französischem König hin und her lavierte. Das Auftauchen seines Namens in der povest'[180] mit dem des Königs Karl (Karul) bezweckt wahrscheinlich, die These vom häretischen Glauben der Katholiken zu unterstreichen. Karl ist keine spezifisch historische Persönlichkeit und wird oft in altrussischen (vgl. *Žitie Aleksandra Nevskago*[181]) und kirchlich-polemischen Werken

---

[179] Amtszeit
[180] Rozov, a.a.O., S. 194.
[181] Aleksandr Nevskij (1220-1263): Fürst von Nowgorod (ab 1236), Großfürst von Kiew (ab 1249) und Wladimir (ab 1252)

zusammen mit dem des Papstes Formos genannt. Im *Žitie Aleksandra Nevskago* ist Karl der den rechtgläubigen russischen Fürsten aus dem Westen angreifende König. Hinsichtlich der Theorie, dass die povest' am Ende des 15. Jahrhunderts in Novgorod abgefasst wurde, muss angeführt werden, dass diese beiden Namen, in der Literatur als Häretiker verdammt, nicht ohne Grund einen beträchtlichen Teil der povest' in Anspruch nehmen. Das Ende des 15, Jahrhunderts war in Novgorod eine Zeit des Kampfes gegen die Häresie. Hinzu kommt, dass der Moskauer Metropolit Iona (1461-1464) 1459 in einem Sendschreiben an den Novgoroder Erzbischof Iona (1458-1470), um die Anerkennung des Kiever Metropoliten Isidor[182] zu verhindern, diesen mit Formos vergleicht und 1471 in der an die Novgoroder gesandten gramota des Metropoliten Philipp (1507-1569) an die „drevnie eretiki Karulovy (die alten Karlhäretiker)" und den *„posledovavšij im papa Formos* (ihnen folgenden Papst Formos)" erinnert wird.[183]

In der povest' ist Formos der erste Papst, der vom rechten Glauben abfällt und als solcher natürlich den weißen klobuk verachtet.

Der Versuch eines nicht genannten Papstes, den weißen klobuk als Symbol des rechten Glaubens aus Rom zu entfernen, scheitert. Der klobuk gelingt auf wunderbare Weise vermittels der über das Meer schreitenden Konstantin und Sylvester zurück nach Rom. Ein Engel erscheint dem Papst im Traum und befiehlt diesem, den klobuk nach Byzanz zu senden. Dieser Teil schließt mit dem Erscheinen des klobuk in Byzanz. Zum zweiten Teil gehört auch die Erzählung von der Krankheit und dem Tod des Papstes in Rom, die mit dem

---

[182] 1437 Metropolit von Kiev und ganz Russland, Parteinahme für die Kirchenunionspläne des byzantinischen Kaisers, letzter griechischer Metropolit der russisch-orthodoxen Kirche
[183] Rozov, a.a.O., S. 195.

dritten Teil vermischt ist und die den Verfall des katholischen Glaubens durch die Nichtachtung des klobuk symbolisiert. Der dritte Teil ist mit den Namen des byzantinischen Patriarchen Filofej (1355-1377)[184] und des Kaisers Ivan Kantakuzin[185] verbunden. Der Patriarch Filofej hält den klobuk, dessen Geschichte er durch den Mund eines ihm im Traum erscheinenden Engels erfährt, zwar in Ehren, versucht aber diesen, trotz des Befehls, ihn nach Novgorod zu senden, zurückzuhalten. Die Erscheinungen Konstantins und Sylvesters zwingen ihn, den klobuk nach Novgorod zu schicken. Die Episode wird durch die Sendung des klobuk nach Novgorod gebildet. Im Finale, das als Kulminationspunkt des gesamten Werkes erscheint, wird schließlich der Ideengehalt aller mit dem klobuk verbundenen Ereignisse, dessen Symbolik und seine Vorausbestimmung formuliert.

Der vierte Teil [schildert] die Ereignisse des Empfangs des klobuk in Novgorod, verbunden mit dem Namen des Erzbischofs Vasilij (1330-1352). Eine Erscheinung in Gestalt eines Mönchs, der den klobuk trägt, erzählt Vasilij im Traum noch einmal die Geschichte der Entstehung des klobuk. Auch dieses Moment, die in jedem Teil einer Erscheinung in den Mund gelegten Erzählung des bisherigen Schicksals des klobuk, unterstreicht die formale Geschlossenheit der povest'. Die vier Teile sind ohne Sprünge gleichmäßig [aneinandergereiht]. Die Übergänge zwischen den Teilen werden durch „religiös-vernunftbelehrende" Tiraden gebildet. Die Einheit des Stils und der Komposition der ersten umfangreichen Redaktion lassen darauf schließen, dass es das

---

[184] vgl. Schaeder, Hildegard: Das Dritte Rom: Studien zur Geschichte der politischen Theorien in der slawischen Welt,Darmstadt 1957
[185] Johannes VI. Kantakuzenos (ca. 1295-1383), Kaiser 1341-1355

Ursprungswerk ist und von <u>einem</u> Autor niedergeschrieben wurde.[186]

5 Der belyj klobuk als Symbol der geistlichen Macht

Der weiße klobuk wurde nachweislich von den Novgoroder Erzbischöfen getragen.[187] Im 3. Novgoroder letopis'[188] findet sich eine Eintragung, nach Kostomarov[189] ein späterer Zusatz, „dass unter dem Erzbischof Vasilij der weiße klobuk des Kaisers Konstantin und des Papstes Sylvester nach Groß-Novgorod gebracht wurde". Wenn diese Eintragung auch durch die 1. Novgoroder Chronik[190] und die 4. Novgoroder Chronik[191] dahingehend abgeschwächt wurde, dass Vasilij nicht den weißen klobuk erhält, sondern in der 1. Novgoroder Chronik vom Moskauer Metropoliten Theognost (1328–1353) eine „rizy krestčy" und in der 4. Novgoroder Chronik dieselbe vom Patriarchen Filofej, so stellt der Sobor 1564 eindeutig fest, dass in alter Zeit nicht nur die Novgoroder Bischöfe den weißen klobuk trugen, sondern auch die Würdenträger anderer alter Eparchien.

A. D. Sedel'nikov nimmt wie Kostomarov an, dass die Unkenntnis der povest' auf dem Sobor 1551 ein Zeichen dafür sei, dass sie nicht vor diesem Datum entstanden sein kann. Obwohl Sedel'nikov[192] die Entstehung der Legende sehr glaubwürdig mit dem Hinweis auf die Übergabe der rizy 1346 an Vasilij durch Theognost und die Übergabe einer ähnlichen

---

[186] Rozov, a.a.O.,S. 184.

[187] Nach Rozov, a.a.O., S. 191, Anm.2 ist es wahrscheinlich, dass ein bei Ausgrabungen 1946 in Novgorod gefundene Gegenstand ein weißer klobuk ist.

[188] PSRL Bd.III, 225.

[189] Pamjatniki, S. 301.

[190] PSRL Bd.III, 83

[191] PSRL Bd.IV, 62

[192] Sedel'nikov, a.a.O., S. 234 ff.

Schatulle 1353 an Erzbischof Moses darlegt, ist seine Argumentation [hinsichtlich der] Datierung der Niederschrift der povest' nicht stichhaltig. (s.o. S.4)

In der povest' ist der weiße klobuk der Träger einer Idee, die das Gesamtwerk in seinen Teilen logisch verknüpft. Der klobuk wird für Sylvester von Petrus und Paulus bei Konstantin in Auftrag gegeben. Papst Formos verrät den rechten Glauben und wendet sich logischerweise vom weißen klobuk, der mit dem Beginn des christlichen Glaubens in Rom verbunden ist und den rechten Glauben garantierte, ab. Mit dem klobuk sind in jedem Teil der povest' Wunder verbunden. Die im dritten Teil der Erzählung beschriebene Krankheit des Papstes in Rom, den sein ketzerischer Eifer sogar seinen eigenen Unrat fressen lässt, und sein Tod werden durch die Missachtung, die er dem klobuk gegenüber ausdrückt, hervorgerufen. Beim Versuch, den klobuk aus Rom verschwinden zu lassen, versucht auf hoher See ein betrunkener Indrik, sich den klobuk aufs Haupt zu setzen. Gott straft dieses Unterfangen, indem er die Natur in Bewegung setzt (Finsternis usw.) und den ruchlosen Indrik lähmt. Rechtgläubige Christen wie der Patriarch Filofej erfahren Wunder im positiven Sinne: Beim Aufsetzen des klobuk werden seine Augen geheilt, bei der Besichtigung des klobuk geht von diesem eine wunderbare Wirkung aus – „blagouchaniju čjudnomu izchodjašče ot nego (ein wunderbarer Wohlgeruch von ihm ausgehend)" (294-2). Für die wundertätige Wirkung des klobuk und den in seiner Nähe bestehenden rechten Glauben ließen sich noch weitere Beispiele anführen. In jedem Fall und in jeder Situation, in der sich der klobuk befindet, besteht zwischen ihm und Gott, ihm und den Aposteln oder Engeln eine enge Beziehung. Der klobuk wird deshalb durchgängig im Text der povest' als „svjatyj" (heilig) oder ähnlich bezeichnet.

Eine der deutlichsten Tendenzen der povest' ist der Gedanke der Übertragung der Nachfolge des ersten Roms, des ehemaligen Zentrums der Christenheit und des rechten Glaubens. Zu dem Zeitpunkt, an dem in Rom der rechte Glaube verlassen, der Papst zum Häretiker wird, geht der klobuk nach Byzanz über. Der Patriarch in Byzanz verflucht in einem Schreiben den Papst in Rom wegen dessen Ungläubigkeit, d.h. Byzanz ist zu diesem Zeitpunkt Nachfolgerin Roms geworden. Das *zweite Rom* (296-1) wird durch göttlichen Ratschluss schnell übergangen. Byzanz ist als Trägerin des rechten Glaubens nur eine Zwischenstation innerhalb der povest'. Ein Engel befiehlt dem Patriarchen, den klobuk umgehend nach Novgorod zu senden (*posli sego svjatogo klobuka v russkuju zemlju v Velikij Novograd*), damit ihn der Erzbischof Vasilij tragen kann, denn dort sei jetzt der rechte Glaube (tamo bo nyne voistinnu slavima est' Christova vera) (294-2).

Im weiteren Text wird Filofej im Traum durch die Erscheinungen Konstantins und Sylvesters die Begründung für das Anrecht Russlands und Novgorods auf den weißen klobuk und damit auf den rechten Glauben gegeben: „*Vetchij bo Rim otpade slavy i ot very Christovy gordostiju i svoeju voleju; v novem že Rime, eže est' v Konstantinegrade, nasiliem agarjanskim tako že christianskaja vera pogibnet, na tretiem že Rime, eže est' na russkoj zemli, blagodat svjatogo ducha vozsija*"[193].(296-1)

Dies ist die zentrale Stelle, an der von der Übernahme des rechten Glaubens durch das russische Land gesprochen wird. Im Folgenden wird dem Patriarchen empfohlen, den klobuk

---

[193] Das alte Rom fiel wegen seines Stolzes und willentlich vom Ruhm und christlichen Glauben ab, im neuen Rom, in Konstantinopel, verdarb der christliche Glaube durch die Gewalt der Türken ebenso, auf das dritte Rom, auf die russische Erde, wurde er [der Glaube] dank des Heiligen Geistes übertragen.

nach Novgorod zu senden. (296-1). Das russische Land wird nochmals als Hüterin des rechten Glaubens gelobt und gepriesen. Die translatio endet, wie bekannt, mit dem Erscheinen des klobuk in Novgorod.

An dieser Stelle setzt in der Forschung eine Diskussion ein, die bis in die neueste sovetische Literatur zur povest' hineinführt. Grundsätzlich stimmen Forscher, die in der Interpretation der povest' verschiedene Wege gehen, darin überein, dass der Sinn der povest' in der translatio der geistlichen Macht von Rom über Byzanz nach Russland besteht. In Bezug auf den Nachfolger dieser Macht in Russland gehen die Meinungen in der Forschung jedoch auseinander. Am entschiedensten lehnt es N.N.Rozov[194] ab, bei der Beurteilung des ideologischen Gehalts der povest' von Novgorod als der Nachfolgerin von Rom und Byzanz zu sprechen.

Rozovs Begründung ist aber nur haltbar, wenn man wie er die povest' als entschiedener Verfechter einer „zentralistisch moskauischen Idee" liest und alle Faktoren, die für eine, evtl. gegen Moskau gerichtete Tendenz sprechen, ausklammert oder unter die These beugt, dass jede Bestrebung gegen Ende des 15. Jahrhunderts auf eine Vereinigung unter Moskau hinzielte. Rozov ist gegen die alte literarische Tradition, die die povest' zu den „antimoskauischen, dezentralistischen Werken" zählt. Für ihn halten diese Forscher die povest' für antimoskauisch oder eine Erzählung mit provinziellen Tendenzen, weil sie jedes Werk, welches nicht in Moskau entstand, für antimoskauisch halten. Selbst die Formulierung N.K.Gudzijs[195], dass die povest' unter die Literatur mit „überwiegenden Gebietstendenzen" zählt, lehnt er als antimoskauisch und damit als falsche Interpretation ab.

---

[194] Rozov, a.a.O.; Rozov, N.N.: Povest' o Novgorodskom belom klobuke, in: Russkaja literature, Leningrad 1 954, Učenye zapiski Leningradskogo universiteta, Nr.13173, Ser.Filolog. vypusk, 20
[195] Gudzij, a.a.O.,S. 306.

Malinin[196] weist zurecht darauf hin, dass der Papst Sylvester dem Patriarchen Filofej erklärt, dass dem ganzen Russland die Ehre und der Ruhm gebühre, den rechten Glauben zu besitzen, d.h., wenn von einem dritten Rom gesprochen werden kann, dann sei dies ganz Russland und Novgorod die Hüterin des Symbols dieses Glaubens, dies evtl. auch nur auf Zeit.

Es ist ersichtlich, dass zu Ende des 15. Jahrhunderts kein Zweifel mehr daran bestehen konnte, dass im politischen Bereich Moskau das Erbe Roms angetreten hatte. Die povest' lässt hierüber auch keinen Zweifel aufkommen. Es wird darauf hingewiesen, dass schon vor der Übergabe des klobuk an Novgorod und damit an Russland, die Kaiserkrone („carskij venec dan' byst' ruskomu carju" 296-1 und ff) dem russischen Caren gegeben wurde. Es wird von einem einzigen russischen Reich („edino carstvo russkoe") gesprochen, der Herr [Gott] wird die russischen Caren erhöhen und ihr Reich ins Unermessliche vergrößern. Damit kann der Autor der povest' nur Moskau gemeint haben, Ivan III. und dessen Nachfolger.

Trotzdem bleibt es verwunderlich, dass in der gesamten povest' Moskau kein einziges Mal mit Namen genannt und stereotyp darauf verwiesen wird, dass der klobuk als Zeichen der geistlichen Macht nach Novgorod übergeht.

Will man die Theorie untermauern, dass das Werk am Hofe Gennadijs am Ende des 15. Jahrhunderts entstand und dass Novgorod, wenigstens symbolisch, von Moskau abweichende Tendenzen verfolgte, ist es unerlässlich, die Position Gennadijs und dessen Beziehungen zu Moskau, sowohl zum Metropoliten als auch zum Großfürsten zu erläutern.

Gennadij, als zweiter nach Verlust der Unabhängigkeit von Moskau eingesetzter Erzbischof in Novgorod, entwickelte eine beträchtliche Regsamkeit in bibliophiler Hinsicht. Unter

---

[196] Malinin, V.: Starec Eleazarova monstyrja Filofej i ego poslanija, Kiev 1901, S. 495.

seiner Anleitung entstanden neue Werke, alte wurden gesammelt oder übersetzt. Hierzu hielt er sich einen großen Stab von Buchgelehrten und Übersetzern unter der Leitung eines Gerasimov[197]. Er führte einen erbitterten Kampf gegen die Häretiker[198]. in diesem Kampf gegen die Häretiker in Novgorod tritt eine erste Abkühlung des Verhältnisses Gennadijs mit Moskau ein, als die von ihm nach Moskau zur Aburteilung geschickten Häretiker[199] von Ivan III. zur Ausführung des Urteils zurückgeschickt werden, d.h., Gennadij bemerken muss, dass am Moskauer Hof eine positivere Haltung den Häretikern gegenüber besteht als in Novgorod.

Gennadij schreibt deshalb, dass „Novgorod i Moskvoju ne edino provoslavie"[200]. Am Hofe Ivans III. wirken bis Anfang des 16. Jahrhunderts noch Häretiker, wie z.B. Fedor Kuricyn und dessen Bruder Ivan Volk. Die Frau Ivans III., Sophie Paleolog, gehört selbst dem Kreis der Moskauer Häretiker an.

Die Unstimmigkeiten zwischen der Moskauer und der Novgoroder pravoslavie werden nach der Einsetzung Zosimas (1490) als Metropolit in Moskau offensichtlich. Verständlich ist es, dass Gennadij die von Zosima geforderten „ispovedanija" (Bekenntnisse) als persönlichen Angriff und damit als Angriff auf Novgorod auffasste. Er verdächtigt den Metropoliten und damit indirekt Ivan der Häresie: „A vašy archimandrity, i igumeny, i protopopy, i popy sobornye i eretiki služili [...]"[201]. Auch in anderer Hinsicht zeigten sich

---

[197] Rozov, Učenye zapiski, a.a.O. ,S. 320-322.

[198] Kazakova, N.A. i Lur'e, Ja. S.: Antifeodal'nye eretičeskie dviženija na Rusi XIV' načala XVI V. M.-L. 1955, S. 113 ff.

[199] PSRL Bd. VIII, S. 217-218.

[200] „Novgorod und Moskau besitzen nicht die gleiche Rechtgläubigkeit." In: Kazakova-Lur'e, a.a.O. S.113

[201] a.a.O. S. 113; priloženie, S. 381; Lur'e, a.a.O., S. 242; vgl. auch Makarij: Istorija russkoj cerkvi, Bd.I, SPb 1870, S. 95 ff.

Differenzen zwischen den Führern beider geistlichen Zentren. Beide, Zosima und Gennadij, stellten nach Ablauf der Frist für das Ende der Welt, das 1492 nicht eintrat, neue Ostertafeln (paschalii) auf. Gennadij sandte Dmitrij Trachaniot nach Rom, der ihm die „Poslanie o letach sed'moj tysjač" schickte. Daraufhin stellt Gennadij neue Ostertafeln auf („Načalo paskalii")[202].

Auch Zosima stellte neue Ostertafeln auf: das „Izveščenie" oder „Izloženie o paschali".

In der Anlage zeigen beide Werke Differenzen. Das Werk Zosimas legt den Akzent nicht auf gottesdienstliche Fragen, sondern auf die Erhöhung Moskaus als *„novyj grad Konstantina* (neue Stadt Konstantins)".

Gennadij hingegen will den Beweis, dass die Ereignisse von 1492 die Autorität der Kirche nicht angetastet haben, gegen die Häretiker antreten. Unterstellt man, dass Gennadij keine völlig vom Metropoliten unabhängige Politik betreiben konnte, so [wird auf dem Hintergrund] der Beziehungen Gennadijs zum Metropoliten und der Kenntnis von Gennadijs unerbittlichem, erst 1503 endendem Kampf gegen die Häretiker doch deutlich, warum am Hofe Gennadijs die povest' in dieser Form entstehen konnte. Der klobuk ist für den Verfasser das Symbol für die Bewahrung des rechten Glaubens in Novgorod. Moskau wird, da das ganze russische Land Erbe Byzanz' ist, nicht direkt ausgeschlossen aber ignoriert. Hinweise auf die Häresie und auf die abscheuliche Gestalt, in der sie auftritt, finden sich in der povest' zur Genüge: Es werden die ersten Häretiker, Papst Formos und der häretische Kaiser Karl, genannt; der jüdische Zauberer Zambrija agitiert in Rom gegen Sylvester und auch den Papst trifft ein von Gennadij den Häretikern seiner Zeit gemachter

---

[202] Kazakova-Lur'e, a.a.O.,S. 157, Anm.1 und 2

Vorwurf: das Angehen gegen die Ikonen und deren Missachtung.

6 Das Verhältnis weltlicher und geistlicher Macht in der povest'

Verschiedene Andeutungen in der povest' über das Verhältnis der geistlichen zur weltlichen Macht lassen sich deutlich auf dem Hintergrund der Beziehungen Gennadijs zu Ivan III. erklären. Bestimmend für das Verhältnis bis 1503 war sicher das Bewusstsein in Novgogod, dass am Hofe Ivans Häretiker Unterschlupf gefunden hatten und protegiert wurde.

Von Moskau in Novgorod eingesetzt, wendet sich Gennadij niemals schroff von seinem weltlichen Oberhaupt Ivan III. ab, wird jedoch schnell zum Vertreter der Interessen der Kirche. Eine scharfe Diskrepanz herrschte zwischen Ivan und Gennadij in der Frage des Kirchenbesitzes. Ivan verbot z.B. Gennadij, den Kirchenbesitz zu vergrößern.[203] Dieses Verbot und die Konfiskation von Kirchengütern in Novgorod im Jahr 1500 durch Ivan III.[204] rufen ein Traktat von Seiten Gennadijs zur Verteidigung des Kirchenbesitzes hervor.[205]

Kazakova-Lur'e konstatieren sogar ein „panische Furcht der [Ankläger] der Häresie (Gennadij und Iosif Volockij) vor solchen Reformationen [Konfiskationen des Kirchenbesitzes] und deren [von Verdächtigungen geprägte] und geradezu feindselige Beziehung zur herrscherlichen Macht in dieser Periode[206]".

Der Gehilfe Gennadijs, der Dominikaner Veniamin, stützt sich bei der Verteidigung des Besitzrechtes der Kirche in seinem

---

[203] Kazakova-Lur'e, a.a.O., S. 113.
[204] PSRL IV, S. 271; PSRL XII, S. 248.
[205] Kazakova-Lur'e, a.a.O., S.113.
[206] a.a.O., S. 195.

„Slovo kratko"[207] auf die bekannte katholische Fälschung „Donatio Konstantini", die auch der Verfasser der povest' zur Abfassung seines Werkes benutzte. (s.o. S.2) Für Veniamin fiel Byzanz deshalb in die Hände der Ungläubigen, weil das Eigentum der Kirche angetastet worden war.[208] Rozov nimmt sogar an, dass die Argumentation auf dem Sobor 1503 in Moskau gegen die Forderungen Ivan III. nach Kirchenbesitz sich auf die „Donatio Konstantini" stützte, d.h. von Gennadij nach Moskau gebracht wurde, was wiederum zu seinem Sturz führte.[209]

In der povest' finden sich Passagen, die die Gleichrangigkeit der geistlichen neben der weltlichen Macht, manchmal vorsichtig die Vorrangigkeit der geistlichen vor der weltlichen Macht andeuten[210]: Zu Beginn der povest' will Konstantin Sylvester zuerst seine Krone aufsetzen, setzt bei der Ehrung Sylvesters mit dem klobuk gleichzeitig seine Krone auf (Gleichrangigkeit) und küsst nach der Zeremonie des Kreuzschlagens durch Sylvester dessen Hand und den klobuk (Vorrangigkeit geistlicher Macht).(292-1)

Im 13. Jahr seiner Herrschaft in Rom verlässt Konstantin in der Einsicht die Stadt, dass dort, wo der himmlische Kaiser sein Reich hat (in Rom), es einem irdischen Kaiser nicht gebührt, Macht auszuüben: „[...] *jako ideže svjatitel'ska vlast'i christjanskago blagočestija glava nebesnym carem ustavlena byst' ne u dostoino est' tamo vlast' imeti zemnomu carju*" (292-2)[211] Die deutlichste Stelle in dieser Richtung findet sich in der Rede über die künftige Größe der Rus' (292-1) mit der Analogie zwischen dem weißen klobuk und der kaiserlichen Krone, „die in alten Zeiten dem russischen Kaiser gegeben

---

[207] a.a.O., S. 197, Anm.9; Slovo kratko, S. 30-31.
[208] a.a.O., S. 197.
[209] Rozov, Učenye zapiski, S. 322-323.
[210] Rozov, TODRL, S. 203.
[211] TODRL, a.a.O., S. 203.

worden war (*Sii –klobuk- čestnee onogo, pone že archangel'skogo čina est' i duchovnago sut'* (296-1)".
Diese Zitate aus der povest' genügen, um eine Verbindung zwischen dem Verteidiger des Kirchengutes Gennadij und Tendenzen der povest' herzustellen, die sich auf den in ihrem Bereich absoluten Machtanspruch der Kirche beziehen. Gennadij und sein Kreis gehörten zu der Kirche, die, wenn sie auch eine Einigung Russlands unter einem Großfürsten und Car' wünschte, gegen jeden Versuch anging, das Besitzrecht der Kirche zu schmälern, selbst wenn er von dem in anderen Bereichen unterstützten Großfürsten ausging. Nebenbei sei bemerkt, dass der Kirchenbesitz nach der Vereinigung mit Moskau in Novgorod 21,7% der Ländereien betrug, wovon der Erzbischof wiederum 31 % besaß. In diesem Rahmen bekommen die Aussagen der povest' hinsichtlich des Verhältnisses der geistlichen und der weltlichen Macht ein weitaus größeres Gewicht, als sie es in dem auf den ersten Blick abstrakten Verhältnis des konstantinischen venec[212] und des die geistliche Macht symbolisierenden klobuk zu haben scheinen.
Nicht nachzuprüfen ist die Behauptung Rozovs[213], dass die Aussage der povest' in dieser Hinsicht so deutlich die Vorherrschaft der geistlichen über die weltliche Macht durch ihre zu offene und genaue Gerichtetheit auf die Verteidigung des Besitzrechtes der Kirche ausdrücke, dass selbst die Kirchenväter in ihrem Streit mit der weltlichen Macht sich später nicht auf die povest' bezogen und die zweite, längere Fassung im 16. Jahrhundert deshalb unpopulär gewesen sei.

Die „povest' o Novgorodskom belom klobuke" ist ein Beispiel dafür, wie eng die Schaffung der politischen Autorität mit der der kirchlich-religiösen verbunden ist. Der „Parallelismus der

---

[212] Kranz, hier Krone
[213] Rozov, TODRL. S. 2014.

Ideen"[214] drückt sich in der povest' am deutlichsten im Lob Russlands aus (296-1). Das dritte Rom geht hier auf ganz Russland über, wobei deutlich eine Gewaltenteilung vorgenommen wird. Das Erbe Roms geht nicht wie üblich in dieser Art Literatur ungeteilt auf das eine Moskau über, sondern statuiert sich als geistliches Erbe in Novgorod und als weltliches, unausgesprochen, in Moskau.

Die Entwicklung des Gedankens, dass Rom oder die Rus' (in diesem Falle Novgorod) Hüterin des rechten Glaubens ist, beginnt schon nach dem Fall Byzanz'. Der Metropolit Iona unterscheidet eine „russkoe blagočestie" von einem „früheren griechischen, gotteingesetzen blagočestie", d.h., es tauchen erste Zweifel an der Sauberkeit des griechischen blagočestie auf. In seinem Sendschreiben (1458/59) an die litauischen Bischöfe weist Iona darauf hin, dass der Fall Konstantinopels die Folge des Abfalls vom rechten Glauben ist.[215]. Mit diesem Zweifel, sei er auch aus tagespolitischen Gründen und Gründen des Strebens nach Unabhängigkeit entstanden, beginnen immer neue in der Geistlichkeit. In diesem Zusammenhang klingt auch die Prophezeiung der Errichtung des Patriarchats in Russland in der povest' (296-1) nicht frevlerisch. Wenn im weltlichen Bereich ca. 100 Jahre vor der Krönung des ersten russischen Caren (Ivan IV) in Tver' für den Fürsten Boris Aleksandrovič dieses Attribut schon in Aspruch genommen wird, so kann das gleiche Phänomen im geistlichen Bereich nicht verwundern. Damit ist das stichhaltigste Argument derjenigen Forscher hinfällig, die aufgrund der Erwähnung eines Patriarchen in Russland in der povest' die Entstehung dieser erst nach der Errichtung des Patriarchats in Russland ansetzen.[216]

---

[214] D'jakonov, M.: Vlast' moskovskich godudarjej - očerki iz istorii političeslkich idej drevnej Rusi do konca XVI veka, SPb 1889, S. 72 ff.
[215] D'jakonov, a.a.O., S. 55 ff; RIB Bd.VI, S. 623; 648-649.
[216] vgl. Schäder, a.a.O., S. 81-83; Sedel'nikov, a.a.O.

Ein geistlicher Führungsanspruch Novgorods, wie er in der povest' ausgedrückt ist, kann nur in einer Zeit glaubhaft vertreten worden sein, in der noch die Möglichkeit bestand, dem Machtanspruch Moskaus auf diesem Gebiet auszuweichen. Dieser Zeitraum erstreckt sich sicher nicht weit in das 16. Jahrhundert hinein. Das Bewusstsein von der verlorenen Unabhängigkeit, das bestimmt auch zur Abfassung dieses Werks inspirierte, war in Novgorod Ende des 15. Anfang des 16. Jahrhunderts stärker als am Ende des 16. Jahrhunderts.

D. S. Lichačev, der im 16. Und 17. Jahrhundert in Novgorod noch eine prolitauische Strömung in der Bojarenschaft annimmt, versucht „irgendeinen Nachhall der Ideen der bojarisch-litauischen Partei in kirchlicher Transformation", wie z.B. „ die vollständige Eigenständigkeit der Novgoroder Kirche", ausgedrückt in der povest' über den weißen klobuk zur Datierung der Entstehung der povest' am Ende des 16. Jahrhunderts heranzuziehen.[217]. Seine Argumentation und die angeführten Fakten enden jedoch Ende des 15. Jahrhunderts mit der Feststellung, dass der svod 1448[218] Novgorod als Zentrum der Geschichte des russischen Volkes gesehen habe und mit dem Namen des Pachomij Serb[219]eng verbunden sei. H. Schäder führt sich in ihrer Argumentation für die Datierung der povest' an das Ende des 16.Jahrhunderts ad absurdum, indem sie behauptet, dass "um 1600 die Sage von einer kirchlichen translatio nach Novgorod entstand, dessen freiheitliche Traditionen nicht ganz erloschen scheinen[...]" und weiterhin annimmt, dass die povest' deshalb entstanden sei, weil auf dem Sobor von 1564 mit der Feststellung des

---

[217] Licha čev, D. S.: National'noe samoznanie drevnej Rusi, Moskau-Leningrad 1945, S. 92.
[218] Novgorodskij Sofijskij Svod
[219] († nach 1484), Biograph und Hagiograph der russischen Aristokratie und des Klerus in der Region um Novgorod und Moskau

Fehlens einer Aufzeichnung über den weißen klobuk eine indirekte Aufforderung durch den Metropolit Makarius ausgesprochen wurde.[220] Selbst ein toleranter Moskauer Schreiber hätte die povest' nicht in dieser, Novgorod verherrlichenden Weise verfasst. Zumindest hätte er es sich nicht nehmen lassen, dass Patriarchat für Moskau vorauszusagen oder wenigstens bei der Glorifizierung der russischen Caren einmal den Namen Moskau zu verwenden.

Literaturverzeichnis

Quellen

„Povest' o Novgorodskom belom klobuke" in: Pamjatniki starinnoj russkoj literatury, [Hrsg. N. Kostomarov], Sankt Petersburg 1860

Polnoe Sobranie Russkich Letopisej Bd. III; Bd. IV; Bd. VIII, Bd.XII

Sekundärliteratur

D'jakonov, M.: Vlast' moskovskich godudarjej - očerki iz istorii političeskich idej drevnej Rusi do konca XVI veka, SPb 1889

Gudzij, N. K.: Istorija drevnej russkoj literatury. Moskau 1966

Jakubinskij, L. P. : Kratkij očerk zaroždenija i pervonačal'nago razvitija russkogo national'nogo jazyka (XV-XVIII vekov), in: U čennye zapiski Leningradskogo gos.ped. instituta, Bd.XV, 1956

Kazakova, N. A. - Lur'e, Ja. S.: Antifeodal'nye eretičeskie dviženija na Rusi XIV' načala XVI v., M.-L. 1955

---

[220] Schäder, a.a.O., S. 81.

Kirillov, J.: Tretij Rim, Moskau 1914

Lichačev, D. S.: National'noe samoznanie drevnej Rusi, Moskau-Leningrad 1945
ders.: Novgorod Velikij, Očerk istorii kultury Novgoroda XI-XVII vv., Leningrad 1945

Makarij: Istorija russkoj cerkvi, Bd.I, SPb 1870

Malinin, V.: Starec Eleazarova monstyrja Filofej i ego poslanija, Kiev 1901

Rozov, N. N.: Povest' o Novgorodskom belom klobuke kak pamjatnik obščerusskoj publicistiki XV veka. In: TODRL, Bd. IX, Moskau-Leningrad 1953
ders.: Povest' o Novgorodskom belom klobuke, in: Russkaja literatura, Leningrad 1954, Učenye zapiski Leningradskogo universiteta, Nr.173, Ser.Filolog. vypusk, 2
ders.: Iz istorii russkoj obščestvennoj mysli XV-XVI vekov, Leningrad 1951
ders.: TODRL Bd,XX
ders.: TODRL Bd. XII, S.325-333
Sedel'nikov, A. D.: Vasilij Kalika- L'Histoire et la Legende. In: Revue Des Etudes Slaves, Bd. VII, Paris 1927, S. 224-240

Schaeder, Hildegard: Das Dritte Rom: Studien zur Geschichte der politischen Theorien in der slavischen Welt, Hamburg 1929 [Neuauflage: Darmstadt 1957}

Anmerkung: Die aus den pamjatniki entnommenen Zitate sind direkt im Text hinter dem Zitat angeführt. Beispiel (296-1 : Seite 296- Spalte 1)

IV. Die Legitimierung der Herrschaftin der Zeit der Wirren in Russland (1598-1613)

1 Einleitung

Um die Themenstellung der Arbeit zu verdeutlichen, bedarf es einiger Erläuterungen, die eventuellen Missverständnissen, die durch den Titel entstehen könnten, vorbeugen sollen. In dieser Arbeit wird der in der Wissenschaft im Allgemeinen herrschenden Meinung gefolgt[221], die den Beginn der Zeit der Wirren (*smuta*) in Russland auf das Jahr1598 setzt. 1598 starb mit Fedor Ivanovič, dem Sohn Ivans IV., der letzte Vertreter der Dynastie der Daniloviči und mit Boris Godunov trat ein Herrscher auf den Plan, der seine Herkunft nicht wie bisher üblich von den Rjurikiden herleiten konnte.

Obwohl bis 1604, dem Jahr des offenen Auftretens eines neuen Prätendenten, dem 1. falschen Dmitrij, von Wirren eigentlich nicht direkt gesprochen werden kann, liegt der entscheidende Faktor für das Geschehen bis 1613, dem Jahr der Wahl des, eine wirklich neue Dynastie begründenden Caren in dem Zusammenfall der noch von Ivan IV mit der opričnina usw eingeleiteten Zerrüttung des Staatswesens mit dem Ende der Dynastie. [222]

Da in dieser Arbeit geschichtliche Ereignisse nur am Rande, nämlich dort, wo sie für das Verständnis der Arbeit unbedingt notwendig sind, behandelt werden, soll in dieser Einleitung

---

[221] vgl. Stökl, Günther: Russische Geschichte, Stuttgart(1965); Platonov, S. F.: Smutnoe vremja. Očerk istorii vnutrennogo krizisa i obščestvennoj bor'by v Moskovskom Gosudarstve XVI i XVII vekov, Petersburg 1923

[222] Platonov, Smutnoe vremja, S.41-49.

91

die Abfolge der smuta auf Platonov gestützt[223] kurz aufgezeigt werden.
Platonov gliedert die *smuta* in drei Kategorien:
die dynastische smuta (1598-1606) mit dem Tod des kinderlosen Fedor Ivanovič 1598, dem Kampf der Godunovs gegen die Romanovs, dem Kampf der Godunovs gegen den 1. Lžedmitrij und mit der Thronfolge Šuiskijs nach der Ermordung Lžedmitrijs; den sozialen Kampf, der mit dem Kampf der verschiedenen Dmitrijs gegen Šuiskij identisch ist und den Kampf um die nationale Unabhängigkeit (1611-1613).[224]
Bei der Behandlung der Legitimierung der Herrschaft wird nur die Herrschaft von Personen berücksichtigt und nicht die Herrschaft von Interessengruppen oder Organen, wie sie in dieser Zeit in Russland ebenfalls auftauchen, so z.B. die Herrschaft Mstislavskijs und seines Bojarenrates in Moskau vor der Besetzung durch die Polen oder die Herrschaft des unter der Führung Požarskijs und Minins stehenden „*sovet vseja zemli*".
Ebenso wird die Herrschaft des 2. Lžedmitrijs, des sog."vor von Tušino", nicht behandelt, da dieser in seiner Legitimierung nur ein Zerrbild des 1. Lžedmitrijs war, und seine Erfolge in den Grenzgebieten im Süden und Norden vorzüglich Erfolge seiner Waffen, kaum mehr Erfolge der Anziehungskraft seiner Argumente für die Legitimierung und seiner Sache waren.
Wladyslaw, Sohn des polnischen Königs Sigismunds III. wurde nur deshalb behandelt, da seine Kandidatur auf den Thron in Moskau für die Legitimierung der Herrschaft Michail Romanovs wichtig wurde.

---

[223] a.a.O., S.41 ff
[224] vgl. auch Stökl, Russische Geschichte, S.256-291.

2 Legitimität der Herrscher bis 1598 und das Jahr 1598

Fedor Ivanovič war der letzte Herrscher aus dem Hause der Rjurikiden und zwar des Zweiges der Daniloviči, die als herrschende Fürsten in Moskau saßen.

Die Daniloviči hatten es verstanden, Vorteil daraus zu ziehen, dass Ivan I. (Kalita) vom Chan das Privileg erhalten hatte, die Abgabe an die Horde von allen Fürsten zu sammeln. Die Moskauer Grüßfürsten waren es, die als erste in der Person Dmitrij Donskojs sich den Tataren entgegenstellten und dazu alle Teilfürsten sammelten, in der Person Ivans III. die Zahlung des Tributs einstellten und mit Ivan IV. zur Offensive gegen die Tataren übergingen. Der Moskauer Herrscher war somit Erbe des Chans, „Erbe nicht einer zufälligen, sondern gottgewollten physischen Auswahl innerhalb des Hauses Rjurik"[225]. Als Erbe des Chans tritt der Moskauer Großfürst automatisch in dessen Rechte ein.

Hinzu kommt, dass sich mit dem Moskauer Herrscher der Begriff des reinen orthodoxen Glaubens verbindet, da von Moskau die Florentiner Union abgelehnt worden war. In Moskau festigte sich die Überzeugung, dass in Russland (Moskau) sich Byzanz fortsetzt. Der Begriff „Moskau, das dritte Rom" taucht auf, sowohl im Sinne der Nachfolge der weltlichen Macht, als auch im Sinne der Bewahrung des wahren Glaubens.[226]

Das in Moskau von Ivan III. für seinen Enkel Dmitrij Ivanovič Ende des 15. Jahrhunderts eingeführte Krönungszeremoniell

---

[225] Fleischhacker, Hedwig: Russland zwischen zwei Dynastien (1598-1613). Eine Untersuchung über die Krise in der obersten Gewalt, Raden bei Wien (1933), S.23., weiter Zwei Dynastien

[226] vgl. D'jakonov, M.: Vlast' Moskovskich gosudarjej, Petersburg 1889; ebenso Schäder, Hedwig: Moskau, das dritte Rom, Darmstadt 1957

findet unter Ivan IV. seine feste Form. In dessen ordo für die Krönung zum Caren 1547[227] wird der Car „heilig (*svjatyj*)" genannt. Die Macht wird in Moskau innerhalb des Zweiges der Daniloviči durch erbliche Übernahme erst nach dem Senioratsprinzip, nach der Festigung des Vorrangs der Primogenitur über das Seniorat unter Vasilij II. (1425-1462) durch Übernahme von Generation zu Generation im Bewusstsein der Herrscher und des Volkes legitim.

Aus dem Bewusstsein von der Kontinuität der Herrschaft in Moskau und dem Abbruch derselben 1598 durch den Tod Fedor Ivanovičs entstehen die Schwierigkeiten, die jeder Herrscher seit 1598 bis 1613 bei der Begründung seiner Macht-und Herrschaftsansprüche hatte.

Aus den oben genannten Gründen ist es verständlich, warum ein beliebiger Šuiskij der inhaltlichen Bestimmung nach niemals genealogisch z.b. vor Ivan IV. stehen konnte, obwohl das Geschlecht der Šuiskijs dem Senioratsprinzip nach seit Aleksandr Nevskij über dem Geschlecht der Daniloviči zu stehen hatte. Die geschichtliche Kontinuität der Herrschaft fehlte den Šuiskijs, sie waren zum zwar noch fürstlichen, jedoch, wie alle anderen Teilfürsten auch, dienenden Adel der Moskauer Herrscher geworden.

3 Boris Godunov

Die Schwierigkeiten der Carenfindung nach dem Tod Fedor Ivanovičs charakterisiert H. Fleischhacker wie folgt: „Das moskauische Volk hatte sich an diese Dynastie durch das

---

[227] Barsov, E. V.: Drevne-russkie pamjatniki svjaščennago venčanija carej na carstvo, in: Čtenija, 1883 I

Zusammentreffen so vieler Voraussetzungen zur Legitimität so sehr gebunden gefühlt, dass es schier unmöglich erschien, einen vollwertigen Ersatz für sie zu finden."[228] Im Gegensatz zu der alten Dynastie der Daniloviči ist Godunov für Fleischhacker ebenso wie die anderen Caren der smuta ein „Verlegenheitslösung" und ein „Annäherungswert"[229]

Wieso aber ein solcher „Annäherungswert" wirklich Car werden konnte, versteht man nur, wenn man die Lebensgeschichte Godunovs und die seiner Vorfahren beleuchtet.[230]

Die Vorfahren Godunovs traten 1330 aus der Horde kommend mit Čet (getauft Zacharij) in den Dienst Ivan Kalitas. Die Godunovs waren kein fürstliches Geschlecht, bis Boris Godunov auch kein bojarisches. Die Karriere Godunovs begann mit seiner Heirat mit der Lieblingstochter Ivans IV. Grigorija (Maljuta) Ljukanovica Bel'skogo-Skuratova. Damit beginnt auch Godunovs Aufenthalt am Hofe.

Mit 30 Jahren erhält Godunov den Bojarenrang. Damit erreicht die Familie der Godunovs, wenn nicht Godunov selbst, am Hofe Ivans IV. eine Favoritenstellung. Um 1580 heiratet der Sohn Ivans IV., Fedor Ivanovič, die Schwester Godunovs, Irina Fedorovna. Zum Zeitpunkt des Todes Ivans IV. ist Godunov einer der höchsten Würdenträger in Moskau. Er nimmt an der Bildung der Regierung Fedor Ivanovičs teil, wird 1588 formell Regent des Reiches (*carskogo veličestva šurin*) und regiert von 1588 bis 1597 in Moskau. Der Werdegang Godunovs ist dehalb von Bedeutung, da dieser bei seiner Legitimierung als Car ins Gewicht fällt. (vgl. unten)

---

[228] Fleischhacker, H.: Die staats-und völkerrechtlichen Grundlagen der moskauischen Außenpolitik (14.-17. Jahrhundert), Würzburg (1959), S.121., weiter: Außenpolitik

[229] Fleischhacker, Zwei Dynastien,S.37.

[230] vgl. Platonov, S. F.: Boris Godunov, Prag 1924, S. 13-18.

3.1 Ivan IV. in der Legitimierung Godunovs

Als Fedor Ivanovič 1598 stirbt, wird Boris Godunov zu seinem Nachfolger. Zur Legitimierung seiner Herrschaft wird ein ganzes Bündel Argumente von offizieller Seite vorgebracht. Die auffälligste unter den in den offiziellen Dokumenten zu erkennenden Bestrebungen zur Begründung der Herrschaft Godunovs besteht darin, die in der alten Dynastie angewandte Praxis der Segnung des Nachfolgers auf den Thron durch den sterbenden Herrscher auch auf Godunov auszuweiten.

Dies geschieht durch Hervorheben der Beziehungen desselben zur alten Dynastie – sei es durch freundschaftliche oder verwandtschaftliche- und durch direktes Aufzeigen von Segnungen.

Die offiziellen Aufzeichnungen über den Sobor von 1598[231] beginnen deshalb auch mit der Feststellung des Todes Ivans IV. und der Übergabe der Regierungsgewalt an Fedor Ivanovič. Die inhaltliche Wiedergabe des angeblichen Testaments Ivans IV. führt Godunov als Miterben ein. Ivan IV. spricht wörtlich auf seinem Sterbebett zu Godunov: „Pass auf meinen Sohn bis an dessen Lebensende auf" und „übernimm du nach dessen Tod die Regierungsgewalt („[...] *po ego prestavlenie tebe prokazyvaju i carstvo sie*"[232]), d.h., vor seinem Tod händigt Ivan IV. Godunov die Regierungsgewalt aus. Fazit des Testamentes ist, dass der Segen Gottes und der Segen zweier Caren auf Godunov liegt: „[...] *i blogosloveniem Božiim i promyslom vsesil'nago Boga byst' oboich Carej vkupe blagosloveniem na sem velikom Gosudare našem Borise Feodoroviče.*"[233]

---

[231] Akty Archeografičeskoj Ekspedicii, Nr. 6, S. 13-16., weiter AAE

[232] AAE Nr. 6, S.13.

[233] a.a.O., S. 14.

Diese angebliche letztwillige Verfügung Ivans IV. stellt offensichtlich eine grobe Fälschung dar, denn beim Tod Ivans war es nicht ersichtlich, dass sein Sohn Fedor kinderlos sterben sollte. Trotzdem wird schon die Tendenz sichtbar, Godunov als den zur Macht Gesegneten darzustellen und seine Legitimierung über zwei Generationen in der alten Dynastie zu verankern.

Die utverždennaja gramota vom 1. August 1598[234] geht in dieser Hinsicht noch weiter. Das Argument der Auserwähltheit Godunovs durch Ivan IV. wird hier mit der Feststellung begonnen, dass der Erbe Ivans IV., Fedor Ivanovič, Godunovs Schwester Irina heiratete („[...] *i vzjal ee Gosydarinju v svoi carskija polaty* [...]"[235]). Godunov sei seit seiner Jugend in carischer Nähe, deshalb an carisches Verhalten gewöhnt, welches ihn automatisch, so sicher die Absicht der Redaktion der gramota, in die Nähe der alten Dynastie rückt und ihn von den übrigen Bewohnern des Reiches unterscheiden soll ([...] *ot premudrago ego carskogo razuma carstvennym činom i dostojeniju navyk* [...]"[236]). Er ist, wie Irina die Tochter Ivans IV ist, der Sohn Ivans „[...] *takov nyne i ty, Boris, v našej milosti kak esi syn'* [...]". An diese testamentarische Aussage schließt sich wie in AAE II, Nr. 6 die Aufforderung, dass Boris G. Fedor und Irina beschützen möge.[237]

Ein wesentlicher Bestandteil der Legitimierung im Rechtstitel Godunovs ist demnach die Einsetzung in die Herrschaft durch beide Caren.

Im Beschluss des Sobors geschieht die Einsetzung Godunovs testamentarisch durch Fedor „[...] *po prikazu otca svoego*

---

[234] AAE II, Nr. 7, S. 16 ff
[235] a.a.O., S. 25.
[236] AAE II, Nr. 7, S. 25.
[237] a.a.O., S. 26.

prijatel'stvu."[238] Die Erweiterung der Einsetzungslegende nimmt der Beschluss des Sobors mit der oben schon erwähnten Formulierung „*na nem že bo i oboich Carej blagoslovenie byst*'" vor. Bemerkenswert beim Vergleich beider Dokumente ist, dass der Beschluss des Sobors, der ohne Zweifel <u>vor</u> der utverždennaja gramota abgefasst wurde, weitaus umfassender und deutlicher in dem Manöver ist, die Legitimation Godunovs durch Segnung zu untermauern. Bei der Redaktion der utverždennaja gramota war man sicherlich bestrebt, die offensichtlichen Grobheiten in der Beweisführung für die Rechte Godunovs auszumerzen.

3.2 Irina als Verbindung zur alten Dynastie und Schwägerschaft

Beim Studium der Quellen, offiziellen Dokumenten und Berichte von Zeitgenossen, fallen die Bemühungen auf, Godunov als <u>Schwager</u> des verstorbenen Herrschers zu legitimieren.[239]
Die Behandlung der Rolle Irinas, der Schwester Godunos, als Bindeglied zwischen Godunov und der alten Dynastie, wird in den vorliegenden offiziellen Quellen mit äußerster Sorgfalt vorgenommen. Fedor Ivanovič starb, wie erwähnt. 1598 kinderlos. Die im Mai 1592 geborene Tochter Fedors, Feodosija, starb kurze Zeit nach ihrer Geburt, so dass Irina als Frau Fedor Ivanovičs zum ersten Mal in der Geschichte Moskaus „formell in die Sphäre der Regierung, als erste Ratgeberin ihres Mannes"[240] eingeführt wurde. Sie nahm nach Platonov nicht nur an weltlichen, sondern auch an kirchlichen Angelegenheiten teil, so z.B. bei der Beratung

---

[238] a.a.O., S. 25.
[239] Fleischhacker, Außenpolitik, S. 232 ff.
[240] Platonov, Boris Godunov, S. 206.

über die Errichtung des Patriarchats[241], die in dem von ihr angeblich beeinflussten Entscheid gipfelten, dass der Grieche Ieremij in Vladimir, nicht in Moskau residieren solle.[242] Nicht zu entscheiden ist aufgrund der Quellenlage, ob diese langsame Vorbereitung Irinas auf die Führung von Staatsgeschäften von Fedor in der Absicht auf eine eventuelle Nachfolge Irinas im Falle Kinderlosigkeit der Ehe vorgenommen oder von Godunov eingeleitet wurde, da dieser in dieser Hinsicht unbedingten Einfluss auf Fedor hatte. Hypothese bleibt die Beauptung Platonovs[243], dass, wenn Dmitrij 1591 nicht in Uglič gestorben wäre, Irina mehr Chancen auf den Thron gehabt hätte als Dmitrij, da dieser als Sohn Ivans IV. aus 7. Ehe mit Marja Nagaja nach kanonischem Recht ungesetzlich war und in Moskau ungesetzliche Kinder verachtet wurden.

Fest steht, dass, als Fedor Ivanovič am 7. Januar 1598 starb, „seine Gattin Irina als selbstverständliche Nachfolgerin betrachtet wurde"[244], wenn auch nur aus der Zwangslage heraus, die aus der Kinderlosigkeit Fedors entstanden war. Eine offizielle Verfügung über die Nachfolge Irinas gibt es nicht, obwohl der Novyj letopisec[245] berichtet, dass Fedor seiner Frau das Szepter aushändigte: „ [...] *i po sebe vručiv skifetr blagozakonnoj supruge svoej [...] Irine Fedorovne [...]"* und Godunov, bevor der Tod Fedors bekannt wurde, dem Sinklit befohlen habe, Irina als Herrscherin den Eid zu leisten: *"Izrjadnyj že pravitel' prežerečennyj Boris Fedorovič vskore povele svoemu carskomu sinklitu životvorjaščyj krest celovati i*

---

[241] SGGD II, Nr. 59, S. 92.

[242] Platonov, a.a.O.

[243] a.a.O.

[244] Fleischhacker, Außenpolitik, S. 235., ebenso Zwei Dynastien, S. 46.

[245] PSRL XIV, N.L., S. 19.

obet svoj blagočetivoj carice predavati eliko dovleet prečestnomu ich carskomu veličestvu.[246]
Regiert wurde durch den Patriarchen Iov, einem Parteigänger Godunovs, und die duma im Namen Irinas. Diese nomimelle Regierung Irinas war zweifellos wichtig als Stufe zum Thron für Godunov.[247]
Drei offizielle Dokumente versuchen die Legitimation der Herrschaft Irinas zu bekräftigen. Die erste Aussage ist die oben erwähnte Beschreibung der Vorgänge beim Tod Fedors, die Aushändigung des Szepters durch den Sterbenden an Irina (*„vručiv skifetr* [...] *supruge svoej"*).
Die utverždennaja gramota[248] stellt nach der üblichen Aufzählung der Moskauer Herrscher ebenfalls fest, dass Irina von Fedor als Nachfolgerin eingesetzt wurde: *„A posle sebja* [...] *Fedor Ivanovič* [...] *na vsech svoich gosudarstvach* [...], *ostavl svoju blagovernuju velikuju Gosudarynju našu Caricu* [...] *Irinu Fedorovnu* [...]"*. Seine Seele übergibt Fedor nach der utverždennaja gramota dem Patriarchen Iov und dem Bruder der Carin, Boris Godunov. Im čin der Krönung Godunovs wird die Version der Übergabe der Herrschaft an Irina in der pokazanie des Patriarchen nochmals wiederholt.[249] Ohne auf die Wahrscheinlichkeit dieser Aussagen zur Einsetzung Irinas als Herrscherin einzugehen, kann behauptet werden, dass durch die nominelle Regierung Irinas ein Teil des Rechtstitels Godunovs damit schon gegeben war.

---

[246] a.a.O., S. 20.

[247] Fleischhacker, Zwei Dynastien,S. 46.

[248] AAE II, Nr. 7, S. 19.

[249] DAI I, S. 239-249.; vgl. Šachmatov, M. V.: Gosudarsvenno-national'nyja idei "Činovnych knig" venčanija na carstvo Moskovskich gosudarej, in: Zapiski russkago naučnago institute v Belgrade, Belgrad 1930, S. 245-267., weiter Šachmatov, Gosudarstvenno- n.

Nach kurzer, nicht zu bestimmender Dauer der Regierung zog sich Irina ins Kloster zurück, wohin ihr Godunov folgte, nachdem er die Leitung der Regierungsgeschäfte niedergelegt hatte, die damit automatisch in die Hände des der duma vorstehenden Patriarchen überging.[250]
Die Nachricht, dass Fedor der Gemahlin empfahl, nicht zu regieren, sondern gleich in das Kloster einzutreten- „[...] *i ne povele ej carstvovati, no povele ej prinjati inočeskoj obraz* [...]"-[251] kann demgegenüber nur eine der Kenntnis der der ungewissen Situation am Sterbebett Fedors folgenden Ereignisse geschuldete nachträgliche Interpretation sein.
Da über den Sobor 1598 im Folgenden gesprochen wird, sei von den Ereignissen des Sobors nur festgehalten, dass Godunov gewählt wurde. Der Verzicht der Schwester auf den Thron sicherte nach Fleischhacker „die lückenlose Rechtsnachfolge" Godunovs als Schwager des verstorbenen Caren.[252]
Die Stellung Godunovs als Schwager Fedors, seine verwandtschaftlichen Beziehungen zum Carenhaus werden schon 1585 in einer Bemerkung des Gesandten Novosil'cev in Warschau dem Erzbischof von Gnesen Karnowski gegenüber angesprochen: „[...] und unserem Herrscher ist er Schwager und unserer Herrscherin leiblicher Bruder [...]"[253].
Fleischhacker stellt bei der Behandlung der Schwägerschaft Godunovs mit Fedor Ivanovič fest[254], dass diese „staatsrechtliche Neuerscheinung" einer Legitimierung durch Schwägerschaft, die „Regierungsunfähigkeit Fedors" und die „geniale Begabung Godunovs" endgültig „das allmähliche

---

[250] vgl. Solov'ev, S. M.: Istorija Rossii s drevneijšich vremen, Bd.7-8, Moskau 1960, S. 345 ff; ebenso Platonov, Boris Godunov
[251] PSRL XIV, S. 49.
[252] Fleischhacker, Außenpolitik, S. 235.
[253] PDS I, 933-934, zit. in: Fleischhacker, Außenpolitik, S. 232.
[254] Fleischhacker, a.a.O., S. 233.

Abrücken der legitimen Wertschätzung von den entselbstständigten teilfürstlichen Nachkommen in der Richtung auf die herrscherliche Schwägerschaft" deutlich mache, die Grundlage der Schwägerschaft und „lückenlose Rechtsnachfolge" durch Irina jedoch nicht stark genug gewesen sei, den schweren moskauischen Legitimitätsanspruch zu tragen, der nach dem „geborenen Herrscher" suche, zu dem Godunov nur künstlich gemacht worden sei.[255] So seien die Ursachen der smuta darin zu suchen, dass die „illegitimen Herrscher" der smuta über ihr Maß hinausgehen wollten.[256]

Wenn die Analyse der offiziellen Dokumente durch Fleischhacker sicher ihre Berechtigung hat, bleibt ein leichtes Unbehagen hinsichtlich der Beschreibung der Moskauer Verhältnisse dieser Zeit, wenn die starina, die bisher das Rechtsgefüge sicherte und keinen Raum für Legitimierung der Macht durch Schwägerschaft lässt, über eine „lückenlose Rechtsnachfolge" Irina Godunovs einen Machtanspruch einräumt. Wenn man von einem Hinrücken zu der „herrscherlichen Schwägerschaft" in der legitimen Wertschätzung spricht, scheint die Bezeichnung der Nachfolge Godunovs auf den Thron als „illegitim" zu undifferenziert.

Nachdem die Absage Irinas und die Wahl Godunovs feststanden, wurde es für denselben und seine Legitimität wichtig, den Segen der Carenwitwe zu erhalten, sowohl als Ausdruck der Verwandtschaft mit der alten Dynastie, als auch als Bestätigung durch den letzten Herrscher, in diesem Fall durch die Erbin der Herrschaft, Irina.

In einer okružnaja gramota des Patriarchen vom 15. März 1598[257] wird das Bemühen von offizieller Seite deutlich, die

---

[255] a.a.O., S. 236.
[256] Fleischhacker, Zwei Dynastien, S. 31.
[257] AAE II, Nr. 1, S. 2.

Segnung durch Irina als Mittel der Legitimierung hervorzuheben. Beim Bemühen der Volksmenge, die zum Novodevičyj monastyr' gezogen war, um die Carenwitwe zur Segnung des neugewählten Caren und diesen zur Annahme der Wahl umzustimmen, wird Irina gebeten, dass sie „[...] *blagoslovila na Rossijskoe Gosudarstvo Careva i velikago Knjazja Fedora Ivanoviča* [...] *šurina, a svoego brata, Gosudarja Borisa Fedoroviča* [...]" und „[...] *dala bogoven čannago Carja na Carstvo* [...]". Nachdem Irina, als Nonne Aleksandra, umgestimmt war, gibt sie ihren Segen: „[...] *Aleksandra* [...] *položi na volju Božiju, dala blagosloven'e bratu svoemu* [...] *povelela emu byti na svoich gosudarstvach* [...] *Carem i Gosudarem.*"[258]

Die gleiche Bitte an Irina taucht bei der Beschreibung der Ereignisse in der utverždennaja gramota auf.[259]

In der gramota des Patriarchen an den Metropoliten Hergomen von Kazan' und Astrachan[260] bittet der Patriarch an der Spitze des „vsenarodnego množestvo" im Novodevičyj monstyr' Irina, ihren Bruder, den *šurin* [Schwager] des Caren, zu segnen. In den čin der Krönung Godunovs geht die Wahl Godunovs durch den Sobor, verbunden mit der Bitte um Annahme der Wahl, Segnung Godunovs durch Irina und dem Befehl, Car zu sein, ebenfalls ein[261]. Durch die Segnung Godunovs durch seine Schwester ist der letzte Schritt auf dem Weg zur Legitimation vonoben getan.

Die Legitimierung der Herrschaft als Thema dieser Arbeit gebietet, die Behandlung der Ereignisse vom Beschluss des Sobors bis zur Annahme des Beschlusses durch Goduov zu

---

[258] a.a.O.

[259] AAE II, Nr. 70, S. 144.

[260] SGGD II, Nr. 70, S. 144.; Hermogenes (Germogen weltlichen Namen Yermolay vor 1530 - 1612) Patriarch 1606

[261] Šachmatov, M. V.: Gosudarsvenno-n., S. 259-260.

vernachlässigen, auch die Fragen, ob, - nach Bussov[262] - Irina und Godunov im Novodevičyj monstyr' intrigieren und das Szepter von Fedor Ivanovič dem älteren Fedor Nikitič Romanov übergeben wurde oder die Beurteilung des Zuges des Volkes unter Iov zum Kloster als von Irina und Boris inszeniertes Spektakel durch Latkin[263], der in der Darstellung der Ereignisse den das Ganze als „teatral'noe dejstvie" bezeichnenden Karamzin zitiert.

Beizupflichten ist Platonov[264], der nicht von einer Komödie spricht, auch nicht bei der Zusammensetzung des Sobors, sondern von Agitation Godunovs während des Verlaufs des Sobors und danach.

Die in den offiziellen Quellen beschriebenen, sich abwechselnden klagenden Bitten des Patriarchen und des Volkes um die Annahme der Wahl und die Ablehnung durch Godunov sind Beiwerk und gehören zur rituellen Ausschmückung einer Handlung, wie es zu dieser Zeit in Moskau üblich war.

3.3 Legitimierung durch Leistung

Eine neue Art der Legitimierung wird für Godunov in dem Beschluss des Sobors eingeführt: die Legitimierung durch Leistung.[265]

In der Bestätigungsurkunde werden alle Leistungen Godunovs auf außen- und innenpolitischem Gebiet während seiner Regentschaft aufgeführt. Die Chronik[266] erklärt die Wahl

---

[262] Bussov, K.: Moskovskaja Chronika, Moskau-Leningrad 1961

[263] Latkin, V.: Zemskie sobory drevnej Rusi, ich istorija i organizacija dravnitel'no s zapadno-evropejskimi u čre ždejjami, SPb 1885, S. 92.

[264] Platonov, Boris Godunov, S. 215.

[265] vgl. Fleischhacker, Zwei Dynastien, S. 53.

[266] PSRL XIV, S. 50.

Godunovs damit, dass der Sobor dessen Regierung positiv sah: „*Patriarch že i vse vlasti so vseju zemleju sovetovav i položiša sovet meži soboju, što posaditi na Moskovskoe Gosudarstvo [...] B. F. Godunov, vidjašče ego pri care Fedore Ivanoviče pravednoe i krepkoe pravlenie k zemle.* (Der Patriarch und alle Mächte des ganzen Landes berieten und, nachdem sie seine wahrhafte und kräftige Leitung des Landes gesehen hatten verabredeten unter sich den Entschluss, dass in die Herrschaft in Moskau B. F.Godunov zu setzen sei.)"
Sogar Palicyn, als Zeitgenosse sonst gegen Godunov eingenommen, vergleicht Godunov als Regenten mit Joseph von Ägypten: „*I slave že ego voznesesja brat caricy ego Iriny, Boris Godunov jako že Iosif vo Egipte.*[267]" Ebenso positiv sieht und würdigt Palicyn als Positivum der Regentschaft Godunovs, dass Godunov gleiche Geschenke wie Fedor Ivanovič erhält.
Godunov hatte sich am Hofe des Caren als Regent im innenpolitischen und außenpolitischen Bereich eine Stellung geschaffen, die entscheidend zu seiner Legitimation beitrug und auch in der Legitimierung im Jahr 1598 ausgenutzt wurde.[268]
Godunov hatte durch carisches požalovanie den Titel „Schwager und Regent des großen Herrschers, Diener, Stallmeister, Heerführer des Hofes und Regent des Großfürstentums, des Kazaner und Astrachaner Reichs (*Gosudarju velikomu šurin i pravitel', sluga i konjušij bojarin i dvorovyj voevoda i soderžatel' velikich Gosudarstv, carstva Kazanskogo i Astrachanskogo*) erhalten.
In seinem tatsächlichen politischen Wirken scheint vorwiegend die Bedeutung seines außenpolitischen Wirkens zu seiner Legitimierung beigetragen zu haben. Bei Reisen des Caren hatte Godunov das Recht, Beziehungen mit

---

[267] RIB XIII, S. 969.
[268] AAE II, Nr. 6/7

ausländischen Regierungen zu pflegen. Car Fedor legitimierte Godunov in dessen außenpolitischer Stellung selbst, indem er Godunov berechtigte, Gesandte zu empfangen, und die Erlaubnis erteilte, „[...] dass sein herrscherlicher Stallmeister und naher Bojarin B. F. Godunov sich zu beschicken beginne mit den großen Herrschern"[269]. 1587 z.b. schickte Erzherzog Maximilian Gesandte an Godunov und das d'jakische Gesandtschaftamt. 1586 hatte Elisabeth von England Godunov mit der Anrede „großer Bojarin" für dessen Tätigkeit im englischen Handelsinteresse gedankt. Der Kaiser schickte durch Gesandte, die eigens für Godunov beglaubigt waren, an diesen Briefe und in einer Gegengesandtschaft des Caren Fedor an Rudolph II. wurden Brief und Geschenke Godunovs in offizieller Audienz überreicht, d.h., der Kaiser empfand Godunov als völkerrechtlichen Partner, so wie die ausländischen Regierungen sich daran gewöhnten, sich an Godunov wie an einen Mitregenten und nahen Verwandten des Moskauer Herrschers zu wenden.

Interessant ist auch die Stellung, die Godunov im Zeremoniell beim Empfang von Gesandten einnimmt: Godunov steht beim Empfang direkt am Thron und hält den goldenen Apfel als Symbol carischen Ranges („*carskogo činu jabloko zolotoe*"), d.h., die Tätigkeit Godunovs symbolisiert als sichtbares Zeichen seine machtvolle Stellung als Regent. Nach einem Toast auf den Caren und den durch seine Gesandten vertretenen anderen Herrscher, wird auch ein Toast auf Godunov ausgebracht:"[...] *pili čašu slugi i konjušego, bojarina Borisa Fedoroviča*"[270]. Die am Hof Godunovs abgehaltenen Empfänge sind Kopien der am carischen Hof abgehaltenen.[271]

---

[269] zit. In Fleischhacker, Außenpolitik, S. 235.
[270] Platonov, Boris Godunov, S. 59.
[271] a.a.O., S. 60.

Die Stellung Godunovs als Regent, die, zum Teil der engen verwandtschaftlichen Beziehung zum Carenhaus entspringt, ist nach Einschätzung Fleischhackers ein „staatsrechtlicher Hinweis auf den nächsten Mann des Caren, der, künstlich ausgebaut, 1598 zur wesentlichen Grundlage des Cartums Godunovs wird."[272]

In der Rangfolge stand Godunov also schon vor 1598 zwischen dem Caren und den übrigen Untertanen. Zu den Bemühungen Godunovs, sich vor 1598 eine starke Stellung am Hofe des Caren zu schaffen, gehört der Versuch, schon eine Dynastie der Regenten Godunov zu schaffen. Als Feodosija, die Tochter Fedor Ivanovičs gestorben war, stellt Godunov seinen Sohn offiziell als Regenten des Reiches neben sich. Fedor Borisovič Godunov erscheint als handelnde Person, er nimmt an Zeremonien teil, nominell an Verhandlungen, empfängt Gesandte, unterschreibt Dukumente zusammen mit seinem Vater. Platonov bezeichnet dieses Bemühen wie folgt: „In seinem Sohn bereitete er [Godunov] stufenweise seinen Nachfolger in Position und Macht vor."[273]

Die in den offiziellen Dokumenten eingeführte Legitimierung durch Leistung[274] ist eine Ergänzung zu den oben behandelten Legitimierungsversuchen durch Verwandtschaft mit der geendeten Dynastie wie Segnung usw. Deshalb kann der Einschätzung Fleischhhackers, die die ideellen Bausteine der Legitimierung durch eben diese Leistungslegitimierung zum Teil neutralisiert sieht, nicht gefolgt werden.[275]

Das vom Sobor angeführte Argument, Fedor habe ihn [Godunov] entgegen dem früheren Brauch (*mimo prežnye oby*

---

[272] Fleischhacker, Außenpolitik, S. 235.

[273] Platonov, Boris Godunov, S. 207.

[274] AAE. II, Nr. 7

[275] Fleischhacker, Zwei Dynastien, S. 53.

čaj)[276] erhöht scheint Fleischhacker für die Legitimierung Godunovs gefährlich, da „gegen den früheren Brauch" für sie nur ein milderer Ausdruck für "über sein Maß" sei, d.h., eine Bezeichnung, die für Fleischhacker die Illegitimität des neuen Herrschers im Verständnis der Zeit ausdrückt. Die betreffende Stelle in AAE II, Nr, 7, S.25 wird von Fleischhacker falsch zitiert. Nicht Fedor erhöhte Godunov „entgegen dem früheren Brauch", sondern Ivan IV. „schenkte seine Barmherzigkeit (*miloserdie*) Godunov entgegen früherem Brauch, indem er Godunov beauftragte, auf seine Tochter Irina und seinen Sohn Fedor Ivanovič aufzupassen.

Der/die Verfasser der utverždennaja gramota hätte/n einen solchen Fehler, der eine direkte Kritik an der Legitimität Godunovs darstellt, sich nicht erlauben können und haben es sicher auch nicht beabsichtigt. „Entgegen dem früheren Brauch" steht also nicht in direkter Beziehung mit der Leistung Godunovs, sondern soll Godunov als den darstellen, der vor allen anderen von Ivan IV. ausgezeichnet wurde.

In Richtung der Legitimierung durch Leistung zielen auch die vom Sobor in AAE II, Nr.6 angeführten Vergleiche Godunovs mit Herrschern der Vergangenheit, die nicht „geborene" Herrscher waren. Die in der Beschlussakte des Sobors angeführten Beispiele sind als Versuch zu werten, einen Ersatz für hohe Geburt zu bieten und gleichzeitig den Herrschaftsanspruch Godunovs als „gewähltem" Herrscher zu stützen. Damit sollen die letzten Zweifel an Godunovs Rechtmäßigkeit oder Berufung als nicht geborenem Rjurikiden ausgeräumt werden.

Zu Beginn werden Beispiele aus der biblischen Geschichte angeführt: David wird als Herrscher doch berühmt, obwohl er aus keinem hohen Geschlecht stammt. Joseph aus dem

---

[276] AAE. II, Nr. 7, S. 25.

Geschlechte Abrahams herrschte nur durch Gottes Wille in Ägypten.

Im Anschluß werden Beispiele aus der griechisch-römisch-lateinischen Überlieferung angeführt: Konstantin der Große wird als vom Tyrannen zum großen Krieger gewandelten Herrscher angeführt, Theodosius der Große[277], der, von Gratian[278] gekrönt, nicht carischer Abstammung ist (*„ne ot carskogo rody, no ot izjaščich sinklit predizbran' „*)[279] und Markian[280], *„velikij Car' blagoščetiem i veroju"*, als erster Krieger bevor er von Theodosius[281] zur Herrschaft berufen wurde.

Zwei letzte Beispiele sind ausführlicher im Text angelegt, da sie in Nuancen der vita Godunovs am nächsten kommen: Michail, genannt Ragkavej, der Nachfolger Nikiphors, lebte im carischen Sinklit unter Car Nikiphor[282] rechtgläubig, gerecht, von allen geliebt usw. Als der Sohn Nikiphors, Stavrikija[283], unheilbar erkrankt, den Thron verlässt und Mönch wird, wird an seine Stelle Michail[284] „vom ganzen Volk" gewählt: *„[...] Michail sej Ragkavej na carstvo vozveden' byst' ot vsech narod"*[285]. Vasilij von Makedonien, ehemaliger Stallmeister des Königs, krönt sich selbst und wird vom Patriarchen Fotij[286] gesalbt.

Auffallend an den Beispielen aus der griechisch-römischen Geschichte ist, dass die beispielhaften Herrscher vor ihrer

---

[277] (379 bis 394) oströmischer Kaiser

[278] (359-383) weströmischer Kaiser

[279] AAE II, Nr. 6, S. 15-16.

[280] 450 bis 457 Kaiser des Oströmischen Reiches.

[281] Theodosius II. (401- 450)

[282] Nikephoros I (gest.811)

[283] Staurakios (Mitkaiser 803-811)

[284] Michael I.(oström- Kaiser 811-813)

[285] AAE II, a.a.O., S. 16.

[286] Photios I (820-891)

Thronbesteigung Krieger/Helden waren. Als Krieger zeichnen sich all die späteren Herrscher wie auch Godunov durch Rechtgläubigkeit und blagočestie aus.

Die Anordnung und Auswahl der Beispiele, besonders die der beiden letzteren Herrscherschicksale, Michail und Vasilij, sind insofern geschickt ausgewählt, als sie der Karriere Godunovs ziemlich gleichen: Sie sind mit den für ein Cartum grundlegenden Eigenschaften (rechtgläubig, von allen gelobt) ausgestattet, als Krieger im Gefolge des Caren erfolgreich, wie Godunov siegreich gegen den Krimchan, die Polen und Schweden. Das Verlassen des Thrones und der Rückzug des Nachfolgers Nikiphors, Stavrikija, ins Kloster wegen einer unheilbaren Krankheit ist eine deutliche Parallele zu den Ereignissen von 1598 im Zusammenhang mit Irina. Das hier angeführte Beispiel könnte ein Beweis für die These Platonovs sein[287], dass Irina sich deswegen so schnell ins Kloster zurückgezogen hat, weil sie an einer scheren Krankheit gelitten habe, an der sie auch wenige Jahre später gestorben sei. Parallelen der durch den Sobor angeführten Beispiele zur Karriere Godunovs sind die Wahl des Nachfolgers Stavrikijas, Michail, „durch das ganze Volk" oder die Funktion Vasilijs von Makedonien als ehemaligem Stallmeister des Herrschers. Die oben angeführten Beispiele werden in AAE II, Nr.7, S.22 noch durch die Karriere des Tiberius ergänzt, der vom kinderlosen Justinian und seiner Frau Sophia an Kindes statt angenommen und noch zu Lebzeiten Justinians zum Kaiser gekrönt wurde.

3.4 Legitimierung durch Wahl

Im Jahr 1598 die Identität der Rechte des Nachfolgers mit den Rechten des Vorgängers im Cartum herzustellen, war sicher sehr schwierig.

---

[287] Platonov, Boris Godunov, S. 58.

Die oben behandelten Rechtsmomente der vVerwandtschaft und die fingierte testamentarische Einsetzung genügten zur von allen akzeptierten Legitimierung nicht. Diese Argumente hätten auch von anderen Personen für eine Kandidatur ins Feld geführt werden können. Deshalb tritt als Ergänzung zur Legitimierung die „Konstruktion einer Entscheidung"[288] durch den Zemskij Sobor.

Die Eröffnung des Sobors fand am 17. Februar 1598 durch den Patriarchen statt, gleichzeitig wurde auch die Wahl Godunovs verkündet.

Die Zusammensetzung des Sobors und die Zahl der Teilnehmer wird in der Forschung annähernd gleich angegeben.

Latkin[289] gibt mit Zagoskin die Zahl der Teilnehmer mit 457 an, Ključevskij[290] mit ca. 476. Die Grundlage für einen Sitz im Zemskij Sobor ist nicht die Wahl für eine Tagung ad hoc wie z.B. 1613. Der Sobor von 1598 ist ein Sobor, wie er für das 16. Jahrhundert typisch war. Er ist Berichterstatter und Vollstrecker der obersten Gewalt. Die Zusammensetzung des Sobors[291] ist völlig normal und entsprach der für das 16. Jahrhundert gültigen Vorstellung über die Ordnung der Teilnehmer.[292]

Die Mitglieder des Sobors kamen zum Sobor auf Einladung der Regierung, in diesem Falle Iov mit duma, nicht durch

---

[288] Fleischhacker, Zwei Dynastien, S. 47.

[289] Latkin, Vasilij: Zemskie sobory drevnej Rusi, ich istorija i organisacija sravnitel'no s zapano-evropejskimi učrešdenijami, SPb. 1885, S. 93-94., weiter Latkin

[290] Ključevskij, V. C.: Bojarskaja duma v drevnej Rusi, Peterburg 1919, zit. In Platonov, Boris Godunov, S. 213.

[291] Geistlichkeit ca. 100 Personen; Bojaren und dymnye ljudi ca. 50; slúžilie ljudi wie d'jaki, dvorjane, deti bojarskie ca 270; ljudi tjaglie, ljudi torgovo-promyšlennye 36

[292] Platonov, a.a.O.

Vollmacht der Wähler. Der Sobor wurde durch die Regierung, die festlegte, wer diese oder jene Schicht vertreten sollte, ausgewählt.

Die These Latkins[293], dass Godunov den Thron durch Betrug am Volk erlangt habe, da die Zusammensetzung des Sobors bewusst auf Godunov zugeschnitten gewesen sei und deshalb an seiner Wahl kein Zweifel aufkommmen konnte, ist nicht von der Hand zu weisen. Latkin belegt seine Vermutung mit der Feststellung, dass nach seiner Zählung aus der Geistlichkeit 83 Vertreter anwesend waren, während die Stadtbevölkerung lediglich nur 24 Vertreter stellte. Die Beurteilung des Sobors von 1598 durch Latkin fällt auch deshalb so negativ aus, da er sicher bei seiner Beurteilung den Sobor 1613 im Auge hatte, der ein wirklicher Wahlsobor mit gewählten Vertretern war.

Im Sinne aber eines Sobors, der in der Zusammensetzung ähnlich dem von 1566 ist, d.h. „aristokratisch und hauptstädtisch"[294], kann von Betrug in dieser Schärfe nicht gesprochen werden. Das Traditionsgemäße des Sobors von 1598, d.h. mit beauftragten Teilnehmern, und die Tatsache, dass die Regierung unter der Leitung Iovs stand, machen es verständlich, dass die Geistlichkeit eine relativ große Zahl von Vertretern auf dem Sobor stellte.

Patriarch Iov, Godunov durch dessen Mithilfe bei der Errichtung des Patriarchats für Moskau verbunden, war als zeitweiliger Regent sicher daran interessiert, mit Hilfe der ihm ergebenen Geistlichkeit Godunov als Kandidaten durchzubringen. Die Rolle der Geistlichkeit unter der Führung Iovs ist damit bei der Wahl Godunovs nicht zu unterschätzen. Die offiziellen Dokumente des Sobors lassen die Rolle der Kirche als Förderin Godunovs deutlich erkennen.

---

[293] Latkin, a.a.O., S. 96.
[294] Platonov, S.F.: K istorii moskovskich zemskich soborov, SPb. 1912, S. 298-299, weiter K istorii

Schon die Einberufung des Sobors geschieht durch Iov, eine Befugnis, die er kraft seines Amtes als Regent innehat: *"Iov [...] velel u sebja byti na Sobore"*[295]. Im Beschluss des Sobors wird auf die Legitimierung des Patriarchen als Vertreter Gottes hingewiesen, bei der Wahl mitzuwirken, indem der Patriarch aus der Bibel zitiert: „[...] *vsjako dobro byvaemo krome Boga ne sotvorjaetsja, niže sotvoritisja možet"* und *„bez mene* [Gott] *ne možet sotvoriti ničego že"*[296].

An anderer Stelle tritt der Anspruch, dass innerhalb des Zemskij Sobor die Geistlichkeit als Führerin des Sobors auftritt, etwas zurück: „Auch auf uns demütige Bischöfe als Apostelschüler ist die Gewalt überkommen, unserem Vaterland einen würdigen Hirten, Lehrer und Caren zu wählen [...]"[297]

Die führende Rolle Iovs bei der Bestimmung Godunovs als Car wird durch die Ereignisse vom Beschluss des Sobors vom 17. Februar bis zur Annahme der Wahl durch Godunov am 21, Februar[298] bestätigt: Bereitwillig stellt er sich an die Spitze der Volksmenge, die Godunov im Kloster bittet, die Wahl anzunehmen, und überzeugt diesen durch Ansprachen im Kloster selbst.

Die Beurteilung des Wahlaktes des Sobors von 1598 geht in der Literatur von der Beurteilung durch Fleischhacker als „Scheinaufgabe"[299], die er vortrefflich erfüllt habe, bis zu I. A. Stratonovs außerordenlich positiver Beurteilung: „Diesem

---

[295] AAE II, Nr. 7, S. 24.

[296] a.a.O., Nr. 6, S. 13.

[297] *„I po blagodati Svjatago Ducha daže i do nas smirennych Episkopov dojde, moju blagodatiju imamy vlast' [...], postavljati svoemu otečestvu pastyrja i učitelja i carja dostojno, ego že Bog izbra."* in: a.a.O., S. 14.

[298] AAE II, Nr. 7, S. 24-37.

[299] Fleischhacker, Zwei Dynastien, S. 50.

Sobor wurde eine schwere Aufgabe zuteil, die bis zu dieser Zeit im Moskauer Reich noch nicht entstanden war, die Wahl des Caren für das Moskauer Reich und die folgenden Herrscher der Moskauer Herrschaft – eine solch ungewöhnlich Frage stand vor der russischen Gesellschaft."[300] Fleischhacker stützt sich bei ihrer Beurteilung auf die Annahme, dass die Entscheidung schon vor dem Zusammentritt des Sobors gefallen sei, während Stratonov davon ausgeht, dass ausgewählte Vertreter der dienenden Klasse der Provinz teilnahmen.

Beide Beurteilungen sind nach Meinung des Verfassers jedoch als zu extrem abzulehnen.

Den Wahlakt 1598 als „Scheinaufgabe" zu beurteilen, ist eine Annahme, die sich auf keine Quellen stützen kann. Für den Sobor 1598 konnte der einzig annehmbare Kandidat nur Godunov sein. Der einzige zur Verfügung stehende Gegenkandidat, F. N. Romanov, hatte sich nie so profiliert wie Godunov.

Die These Stratonovos, dass die russische Gesellschaft an der Entscheidung zur Frage der Wahl des neuen Caren teilnahm, ist in der Formulierung zu pauschal und mangelt an solider Quellengrundlage. Die auf dem Sobor anwesenden Staroste waren nur zufällig zum Sobor gestoßen, da sie sich gerade aus wirtschaftlichen Gründen in Moskau aufhielten.[301]

Der Vorgang der Wahl Godunovs nach der utverždennaja gramota bestand in der Verkündigung durch den Patriarchen, dass bei Vorbesprechungen der verschiedenen Kreise bei allen Übereinstimmung darüber geherrscht habe, dass Godunov Car werden soll:"[...] *mysl' i sovet vsech edinodušno, što nam mimo Gosudarja Borisa Fedoroviča inogo Gosudarja nikogo ne iskati i ne choteti* (Gedanke und Rat aller war

---

[300] Stratonov, I. A.: Zametki po istorii zemskich soborov, SPb. 1912, S. 298-299., weiter Stratonov
[301] Platonov, K istorii, S. 300.

einmütig, dass wir als Herrscher niemanden außer Boris Fedorovič suchen und wünschen)"[302]. Der Beschluss des Sobors formuliert es ähnlich:„[...] *oni že vsi* [...] *glagoljuščie: Borisa Fedoroviča choščem byti na carstve* (sie alle sprachen: Wir wollen, dass Boris Fedorovič auf dem Thron ist.)".[303] Außer der Formulierung im Beschluss, dass alle Godunov wollten, gibt es noch den Hinweis, dass der Sobor mehrere Stunden währte. Beide oben zitierten Stellen lassen darauf schließen, dass vollkommene Übereinstimmung für die Wahl des Kandidaten Godunov im Sobor bestand.

Dies musste auch im Interesse Godunovs selbst liegen[304], für den die Legitimierung mittels eines Wahlaktes durch einen Sobor –sei es auch nur eine Kürung eines einzigen Kandidaten gewesen – die Bestätigung von unten, d.h. vom Land, darstellte.

Den offiziellen Dokumenten liegt daran, die Vollständigkeit des Sobors zu betonen, indem alle *činy* aufgezählt werden, die am Sobor teilnahmen. So sind die Beratenden in der gramota Iovs an den Metropoliten Hergomen wie oben schon erwähnt die Geistlichkeit (der ganze heilige Sobor), Bojaren, Fürsten, dvorjane, vsjakie prikaznye ljudi, d'jaki, deti bojarskie vsech gorodov Moskovskogo Gosudarstva (aller Städte des Moskauer Reichs), gosti.[305]

Einige Stellen der utverždennaja gramota lassen die Bemühungen bei der Redaktion erkennen, dem Sobor eine ideale Ausweitung zu geben. Der Aufzählung aller činy wird konstant die Phrase „[...] *i vse narodnoe množestvo* (und die gesamte Menge des Volks)" hinzugefügt, die Vollständigkeit des Sobors durch die Phrase „[...] *vse pravoslavnye krest'jane, kotorye priechali iz dal'nych gorodov v [...] Moskvu* (alle

---

[302] AAE II, Nr. 7, S. 24-25.

[303] a.a.O., Nr. 6, S. 13.

[304] zit. In Latkin, a.a.O., S. 93.; Fleischhacker, Zwei Dynastien, S. 50.

[305] SGGD II, Nr. 70, S. 144; AAE. II, Nr. 7, Nr. 6, S. 13.

rechtgläubigen Christen, die aus den fernen Städten nach Moskau kamen)".[306]

Es ist offensichtlich, dass die Sitzung vom 17. Februar nur einen früher gereiften Entschluss sanktionierte, nämlich denjenigen Kandidaten zu wählen, der die größten Chancen und die entsprechenden Fähigkeiten besaß – Godunov. Die Wahl Godunovs hatte deshalb die größte Wahrscheinlichkeit, da er die Neigung der Geistlichkeit und des größten Teils des mittleren und niederen Adels und die der unteren Bevölkerungsschichten besaß.[307]

Für den Hochadel war Godunov sicher ein Emporkömmling, dem der Thron nicht gebührte. Als Partei hatte er jedoch wenig Einfluss, da er unter der Zerschlagung durch Ivan IV. so gelitten hatte, dass es noch einiger Zeit bedurfte, um wieder als handelnder Faktor auf den Plan zu treten.

Der Novyj letopisec[308] beschreibt die Vorgänge bei der Wahl ähnlich wie die utverždennaja gramota, nur mit dem Zusatz, dass die Šujskijs der Wahl nicht zustimmten, da sie verfolgt worden waren. Platonov nimmt an, dass dies eine Verwechslung der Namen Šujskij und Romanov sei, da die letzteren es gewesen seien, die unter Godunov zu leiden hatten. Hinzu kommt, dass der Autor der povest' ein Parteigänger Šujskijs war.

Der Ablauf der Ereignisse stellt sich nach dem Novyj letopisec wie folgt dar:

- Godunov überlistet das Volk und dieses wählt ihn.

---

[306] AAE II, Nr. 7, S. 25.

[307] vgl. Leitsch, W.: Moskau und diePolitik des Kaiserhofes im 17. Jahrhundert 1. Teil, Graz-Wien, 1960, in: Wiener Archiv für Geschichte des Slawentums und Osteuropa Bd. IV, S. 22, weiter Leitsch, Moskau; Platonov, S.F.: Očerki po istorii smuty v Moskovskom gosudarstve XVI. XVII. vv., SPb 1899, S. 235 ff, weiter Očerki

[308] Platonov, Boris Godunov, S. 217-218.

- Die Mächtigen schweigen.[309]
- Auch das Gebet des Volkes vor dem Novodevičyj monastyr'
basiert auf einer Polizeiaktion Godunovs.
Nach den offiziellen Versionen ist die Sitzung vom 17. Februar
rechtmäßig, d.h. die Wahl Godunovs durch den Sobor legitim.
Nach Platonov war „die offizielle Seite der carischen Wahl mit
solchen Formalitäten ausgestattet, die der Wahl ein nicht zu
durchbrechende Gesetzlichkeit gewährleistete"[310].
Die Legitimierung der Herrschaft Godunovs durch Wahl
erscheint auch in der Krönungsordo und bildet hier das
entscheidende Argument für die Herrschaft Godunovs. Für
Šachmatov liegt in der Formulierung, nämlich der Wahl durch
Sobor, Segnung und Auftrag des vorausgehenden Herrschers,
„eine ganze Revolution dynastischer Ansichten der
vorangehenden činovnych knig (Rangordnungen), die jegliche
Begründung auf Geburt beseitigt [...].Dieses Faktum wird
noch bedeutender, wenn man den Inhalt des čins dem Inhalt
der Urkunde zur Wahl Godunovs gegenüberstellt, in denen
noch mehr die dynastisch-revolutionären Ideen verfochten
werden, nämlich die, dass es keine grundlegende
Unumgänglichkeit in der Übergabe der ererbten Macht (po
nasledstvu) in den Grenzen eines herrschenden Geschlechtes
gibt."[311].
Der Anteil des Sobors im čin Godunovs ist auf die Bestätigung
der Wahl Godunovs durch Gott reduziert. Godunov ist nicht
durch den Willen des Volkes gewählt, sondern in den Reden
des Caren und des Patriarchen „po Božiej voli i izbraniju" und

---

[309] "[...] velikii bojare iže ot korene skipetroderžavnych
[Šujskie] i srodnii velikomu gosudarju i velikomu knjazju
Fedorovu Ivanióviču vseja Rusi [Romanovy][...]"

[310] Platonov, Očerki, S. 174-175; auch Avaliani, S. A.: Zemskie
sobory, Odessa (1916), S. 102.
[311] Šachmatov, Gosudarsvenno-n., S. 260; vgl. AAE II, Nr. 6, 7, 8

auf die Bitten des Sobors an Irina / Aleksandra und Godunov hin, die Wahl anzunehmen.

Deutlich werden auch hier die Schwierigkeiten, die beim Zusammenführen verschiedener Legitimierungsversuche entstanden. Der Sobor ist letztlich nur ausführendes Organ des Willen Gottes, ein in der gläubigen russischen Gesellschaft schlagendes Argument.

3.5 Legitimierung durch Gott

Der letzte und krönende Bestandteil der Legitimierung Godunovs ist die Auserwähltheit durch Gott – *„Bogom izbrannyj"*.

Im čin wird Godunov „durch göttlichen Willen und Wahl" (*po Božiej voli i izbraniju*) gekürt, in der Formulierung der utverždennaja gramota[312] entsprechend ausführlicher: „Du aber, großmächtiger Herrscher Boris Fedorovič, wurdest nicht durch menschliche Übereinkunft noch durch menschliches Wohlwollen gewählt, sondern erwählt durch gerechtes göttliches Urteil."[313]

Die Legitimierung durch Gott ersetzt die Godunov fehlende Legitimierung durch Geburt.

Die Beschlussakte[314] stellt nach Anführen der oben erwähnten Beispiele aus der griechisch-römischen Geschichte, die Parallelen zu Godunovs Schicksal darstellen, fest, dass Gott die Anwärter auf den Thron nach dem rechten Glauben auswählt und nicht nach hoher Geburt: „[...] *ne na*

---

[312] AAE II, Nr. 7, S. 21.

[313] „[...] *tebe ubo, prevelikij Gosudar' Boris Fedorovič, ne po čelovečeskomu edinomyšleniju, niže po čelovečeskomu ugodiju pred'izbiraem, no po pravednomu sudu Bo žiju* [...]"

[314] AAE II, Nr. 6, S. 16.

blagorodstvo zrit' Bog ljubjaščich ego". An anderen Stellen des Beschlusses, wie z.B. nach der Feststellung, dass auf Godunov der Segen beider Caren liege, heißt es: „[...] *tako i Bog pred'izbra* [...]" oder „Gottes Ratschluss kann niemand stören". Godunov wird auch im Zusammenhang mit den Ereignissen vor der Annahme der Wahl als der von Gott ausgewählte Herrscher dargestellt: Der „gotterwählte (bogoizbrannyj)" und „gottgewünschte *(bogonadežnyj)*" Godunov wird von seiner Schwester mit dem Argument, nicht gegen Gottes Willen zu handeln (*„ne budi protiven' vole Bo ži"*) umgestimmt, die Wahl anzunehmen. Nach der Annahme der Wahl geht Godunov als „von Gott Geliebter (*Bogom vozljublennyj)*", „von Gott Geachteter (*Bogom počtennyj)*" und „von Gott Auserwählter (Bogom izbrannyj)" nach Moskau.[315]

Ähnlich wird der Gang der Ereignisse und die Bestimmung des neuen Caren Godunov durch göttlichen Willen in AAE II, Nr.8, S.54-55 (03. September 1598) wiedergegeben.

Godunov stellt in seiner Rede an den Patriarchen fest, dass Fedor Ivanovič vor seinem Tod dem Patriarchen befohlen habe, den zum Caren zu wählen, den Gott segnet (*„kogo Bog blagoslovit"*). Ebenso fordert die zur Nonne gewordene Carinwitwe den Patriarchen auf, den zu wählen, den Gott will. Am Schluss dieser gramota werden kurz drei Momente der Wahl Godunovs angeführt, die, mit Ausnahme der nicht direkt erwähnten Wahl durch den Sobor, die Legitimierung Godunovs zusammenfassen: Godunov ist <u>Car</u> *„po blagosloveniju i poveleniju sestry"*, d.h. <u>durch Verwandtschaft</u> und als Erbe des Dynastie, *„po Božiej voli i izbraniju"*, <u>durch Gottausgewähltheit</u> und *„po našemu moleniju, d. h.* durch Bitten des Volks und damit, angedeutet durch den Sobor /Patriarchen, <u>durch Entscheid des gesamten Volkes.</u>

---

[315] SGGD II, Nr. 70, S. 144.

Die Auserwähltheit durch Gott, die Legitimierung und Heiligung der Macht des Herrschers finden ihren höchsten Ausdruck letztlich in der Krönungszeremonie durch Auflegen der Regalien auf Godunov durch den Patriarchen, wobei Godunov gegenüber den Krönungszeremonien vorhergehender Herrscher noch den Reichsapfel (*jabloko deržavnoe*) als Herrschaftssymbol ausgehändigt bekommt.[316] Ein Widerspruch innerhalb der Legitimierungskette entsteht in der Verflechtung der Legitimierung durch die Auserwähltheit durch Gott mit der Legitimierung durch die Stimme des Volkes, ausgedrückt durch den Sobor.[317] „Was der Car gesprochen, das hat Gott zu ruhen gewollt (*eže Cari rekoša, sie Bog blagoizvoli*) wird ergänzt durch „Volkes Stimme ist Gottes Stimme (*glas bo naroda, glas Božij*), widerspricht sich jedoch trotz der Rückführung auf Gott und im Bemühen um Verträglichkeit.

3.6 Legitimierung und Eid

Die offiziellen Dokumente, die mit der Eidesleistung auf Godunov inhaltlich direkt oder indirekt in Verbindung stehen, lassen erkennen, dass Godunov offensichtlich wünschte, dem Eid eine entschieden größere Verbindlichkeit zu geben.[318] Der Eid muss nicht nur auf Godunov, sondern auf „Carin und Großfürstin Marja und deren Kinder, den Carevič Feodor und die Carevna Ksenija und alle Kinder, die Gott ihnen noch bescheren wird"[319], geleistet werden. Der Eid soll außer wie üblich, z.B.im Palast (*dvorec*), auch in den Kirchen und im

---

[316] vgl. Šachmatov, Gosudarsvenno-n, S. 266-267.
[317] AAE II, Nr. 6, S. 14; Fleischhacker, Zwei Dynastien, S. 52.
[318] vgl. hierzu Fleischhacker, Zwei Dynastien, S. 58-62.; ebenso Platonov, Boris Godunov, S. 228 ff
[319] AAE II, Nr. 10, S. 60.

Uspenskij Sobor geleistet werden. Ebenso muss das mnogoletie nicht nur für Godunov, sondern auch für dessen Frau und Kinder gesungen werden.

Der Eid[320] ist mit der Androhung höchster Strafen für Eidesbrecher verbunden, d.h., das Volk wird indirekt darauf aufmerksam gemacht, dass Godunov in seiner eigenen Wahl schon die Möglichkeit zum Abfall sieht. Die Drohung mit Strafe bei Eidesbruch soll diejenigen, die an der Legitimität Godunovs, ihrer Rechtmäßigkeit, zweifeln, von der Rechtmäßigleit des Herrschertums überzeugen.

Fazit

Die Versuche Godunovs, während seiner Herrschaft durch dynastische Verbindungen ins Ausland die eigene Dynastie zu legitimieren, scheiterten: der erste Versuch, seine Tochter Ksenija nit Habsburg zu liieren, am Habsburger Hof, der zweite Versuch mit dem sicheren Kandidaten Hans von Holstein durch dessen Tod und auch der Versuch einer Verbindung mit Persien.[321]

Die Legitimierungsversuche Godunovs durch Anführen der Verwandtschaft mit der alten Dynastie über seine Schwester, durch Segnung beider Herrscher, Ivan IV. und Fedor Ivanovič, und durch die Gottausgewähltheit sind als Versuche zu werten, die Legitimierung der alten Dynastie, die die rechtliche und moralische Legitimation jeweils vom Vater auf den Sohn vererbte, fortzusetzen oder wenigstens einsehbar zu ersetzen.

Hinzu kommt als ergänzendes Moment die Legitimierung durch Wahl, die eigentlich nur die Bestätigung seiner durch Leistung am Hof der beiden letzten Caren der alten Dynastie erworbenen Stellung ist. Dem Betrachter muss die Legitimierung Godunovs so als genügend erscheinen.

---

[320] AAE II, Nr. 6, S. 16.
[321] Fleischhacker, Zwei Dynastien, S. 69-72.

Die von den Kritikern Godunovs und seiner Legitimität angeführten Argumente von dessen Illegitimität erlangen ihre Glaubwürdigkeit nur, wenn man davon ausgeht, dass die Dynastie Godunov mit dem Auftauchen des 1. Lžedmitrij unterging, dies aber aller Wahrscheinlickeit nur, weil Godunov selbst starb und sein Sohn nicht die Fähigkeiten seines Vaters besaß und wenn, diese in der kurzen Zeitspanne nicht nutzen konnte.

4 Fedor Borisovič Godunov

Als Boris Godunov am 14. April 1605 starb[322], hinterließ er als "Dynastie Godunov" seine Frau Marja und seine Kinder Fedor Borisovič und Ksenija.
Die Regierung Fedor Borisovičs als Thronfolger dauerte nur ca. zwei Monate und endete mit seinem Sturz am 10. Juni 1605 und seiner Ermordung.
Boris Godunov, der es für sich, d.h. für seine Person, verstanden hatte, ein ganzes Gebäude der Legitimation seiner Herrschaft aufzubauen, hinterließ seinem Sohn nichts, was diesen vor dem Zugriff des 1. Lžedmitrij zur Macht gerettet hätte. Die Frage nach dem Überleben einer Dynastie Godunov ohne das Auftauchen des 1. Lžedmitrij ist überflüssig, da sämtliche Fakten gegen eine positive Beantwortung der Frage dieser Hypothese sprechen. Letztlich waren es die fürstlichen Geschlechter, die, gleichzeitig mit dem Tod Godunovs und dem Auftauchen Lžedmitrijs wieder aktiv geworden, nicht an einer Dynastie Godunov interessiert waren, da für sie die Familie eines eben erst in den Bojarenstand erhobenen Nachkommen eines Tataren nicht die ausreichende Legitimation im Sinne der alten Dynastie besaß.

---

[322] nach Latkin, a.a.O., S. 96.

Godunov hatte es nicht verstanden oder auch nicht versucht, eine Partei zu bilden, auf deren persönliche Loyalität er seine und die Herrschaft seiner Nachkommen hätte stützen können.

Patriarch Iov, der wohl einzige konstante Anhänger der Familie Godunov, konnte seinen Einfluss nicht mehr geltend machen, um den Sohn Godunovs im Carenstand zu halten. Das Fehlen einer Basis in der machtbesitzenden Schicht und die Erfolge Lžedmitrijs sind die Gründe dafür, dass der Sohn Godunovs sich nicht durchsetzen konnte.

Der einzige Versuch Godunovs, für seine Familie die Herrschaft zu etablieren, bestand darin, dass er bestrebt war, noch zu seinen Lebzeiten für seinen Sohn die Stellung eines Regenten aufzubauen, wie er sie selbst zu Lebzeiten Fedor Ivanovičs besaß.

Da der junge Fedor Borisovič faktisch noch nicht die Fähigkeiten eines Regenten, wie sie früher Godunov besaß, hatte und er bis zum Tod seines Vaters in dessen Schatten gestanden hatte, konnten die in den offiziellen Dokumenten eingeführten Legitimierungsversuche nichts zur wirklichen Legitimierung Fedors beitragen, weder durch das Erscheinen der Unterschrift Fedors auf der utverždennaja gramota zur Wahl seines Vaters, noch dadurch, dass im Eid auf Godunov gleichzeitig der Eid auf Fedor geleistet werden musste.

Auch die Rechtfertigungsschreiben Boris Godunovs an den König von Schweden, an den Kaiser und den Papst[323], die diese von der Unrechtmäßigkeit des Anspruchs Lžedmitrijs auf den Moskauer Thron überzeugen sollten, konnten nichts zur Verbesserung der Lage, in die Fedor mit dem Tod des Vaters geraten war, beitragen,.

Die Carinmutter, vielleicht auch Fedor selbst, und der Patriarch versuchten in den 2 Monaten bis zum Sturz der

---

[323] vgl. Leitsch, Moskau, a.a.O., S. 30.

123

Godunovs die noch nicht in der Einflussphäre Lžedmitrijs befindlichen Gebiete des Moskauer Reiches von der Legitimität des Anspruchs Fedors auf den Thron zu überzeugen. Katyrev-Rostovskij berichtet, dass gleich nach dem Tod Godunovs eine Vollversammlung der duma stattfand, in der die Carin Marja Grigorevna den Patriarchen, die Synode und die Bojaren bittet, von ihrem Sohn nicht abzufallen, damit dieser mit seinem Vater zusammen herrschen könne: „*Carica Marja s synom* [...] *molit ich* [Patriarch usw.], *daby ne otstupili syna ich, Careviča Feodora, i dali by emu carstvovati vmesto otca ego*"[324]. Daraufhin hätten nach Katyrev-Rostovskij die Bojaren und die Ersten des ganzen Reiches das Versprechen gegeben, der Carin zu dienen und den Sohn auf den Thron zu führen: „*Boljare že i načal'nicy Moskovskago carstva, vkupe i ves narod obeščanie dajut carice, da služiti ej i syne i vozvedut ego na carskij prestol* [...]"[325].
Auch in diesem Bericht eines Zeitgenossen wird versucht, das Versprechen von Gruppen auf das ganze Volk auszuweiten. Die in dieser Zeit datierten gramoty wissen nichts von einer demütigen Bitte Marjas. Trotzdem scheint es glaubwürdig, dass die Carinwitwe versuchte, in dieser, den Untergang der Godunovs fast sicher anzeigenden Zeit die noch in ihrem Machtbereich verbliebenen Mächtigen auf den Eid, den diese Godunov und der Dynastie Godunov geleistet hatten, festzulegen.
Sicher ist, dass Fedor am 16. April von den im Kreml versammelten Ständen zum Caren proklamiert, während seine Mutter zur Mitregentin bestimmt wurde. Weiterhin ist anzunehmen, dass die Bestimmung der Carinwitwe zur Mitregentin aus zwei Gründen geschah: Eventuelle Zweifel an

---

[324] RIB XIII, S. 647.; zum Folgenden vgl. Fleischhacker, Zwei Dynastien, S. 78 ff.
[325] a.a.O.

der Fähigkeit des jungen Godunov zu herrschen sollten ausgeräumt oder gedämpft werden und die wichtige Stellung Marjas im Jahr 1598, als der Weg über die Carinwitwe Irina ein fester Bestandteil der Legitimierung Godunovs wurde, soll im Jahr 1605 die gleiche Wirkung zur Legitimierung ihres Sohnes bezwecken. Die offiziellen Dokumente setzen deshalb konstant den Namen Marjas vor den Fedors. Die von offizieller Seite für Fedor beabsichtigten und durchgeführten Legitimierungsversuche sind im Ganzen gesehen Entlehnungen und Kopien der Legitimierung Godunovs im Jahr 1598.

Mit der Segnung Fedors durch Boris Godunov vor dessen Tod und der Bestimmung zum Caren werden gleichzeitig die Legitimierung durch den verstorbenen Caren und – hier kann bei der Legitimierung Fedors auf die Tradition der geendeten Dynastie zurückgegriffen werden- die Segnung des Sohnes durch den Vater eingeschlossen.Der Segen des Vaters zeigt hier ein Stück Geschichte der neuen Dynastie an.

Metropolit Kyrill von Rostov beschreibt in einer gramota an das Sol'vyšegodskij monastyr' den Akt der Segnung des Sohnes durch den Vater zum Caren und Großfürsten von ganz Russland mit den Worten: „ [...] *a otchodja sego sveta, pri nas bogomolcech svoich, prikazal i blagoslovil na velikie gosudarstva* [...] *Carem i Velikim Knjazem vsea Rusi, syna svoego* [...]"[326].

In der gramota an die Voevoden der sibirischen Städte, die über die Thronbesteigung Fedors informieren soll, ist die Formulierung über den Segen des Vaters ähnlich; Fedor fährt in der im Namen Marjas und Fedors geschriebenen gramota fort:„[...] *i my s Božeju pomoščju na svoem Gosudarstve u* činilis' esmja Carem (...und wir wurden mit Gottes Hilfe als Car in unserem Reich eingesetzt)."[327].

---

[326] AAE II, Nr. 32, S. 86.
[327] SGGD II, Nr. 83, S. 187.

lov formuliert in seiner gramota an die sibirischen Städte in gleicher Weise:"[…] *a posle sebja Gosudarja prikazal i blagoslovil* […] *syna svoego Fedora Borisoviča* (…danach aber ernannte und segnete er seinen Sohn Fedor Borisovič zum Herrscher.)."[328]

Bei der Legitimierung Fedors konnte, um den Anspruch auf den Thron zu rechtfertigen, auf eine ähnlich der 1598 an Boris Godunov gerichteten Bitte nicht verzichtet werden: „Der Patriarch von Moskau und ganz Russland und mit ihm die Metropoliten und ein Volksmenge des Russischen Reiches baten die Carin und Großfürstin Marja, ihren Sohn zum Caren zu segnen, ebenso baten sie den Fedor Borisovič Car von ganz Russland zu werden."[329]

Auch hier fällt der Gleichlaut der Formulierung mit der von 1598 ins Auge. Es ist das *vsenarodnoe množestvo* (die Menge des Gesamtvolkes), das beide bittet, Car zu werden. Fedor wird mit dem Hinweis auf die Segnung und den Befehl des Vaters gebeten, während Marja – eine Parallele zur Segnung Godunovs 1598 durch Irina – den Sohn zum Herrschertum segnen soll.

Ob mit der Wendung an Marja, wie Fleischhacker annimmt[330], eine Dynastiegründung neuer Art beabsichtigt wurde, ist fraglich. Fleischhacker vermutet, dass man sich an Marja wendet, um im Falle des Todes Fedors die Krone in der

---

[328] SGGD II, Nr. 84, S. 189.

[329] AAE II, Nr. 32, S. 86: "[---] *Patriarch Moskovskij i vsea Rusi i s nim* […] *mitropoly* […] *i* vsenarodnoe množestvo *Rossijskogo gosudarstva* […] *Caricu i Velikuju Knjaginju Mar'ju Grigor'evnu molili* […], štob *Gosudarynja* […] *syna svoego* […] blagoslovila byti Carem, […] *takože i Gosudarju* […] *Fedoru Borisoviču* […] *prosili, štob on* […] *byl na Rossijskom gosudarstve Carem* […]."

[330] Fleischhacker, Zwei Dynastien, S. 79-80.

weiblichen Linie unter Ksenija der Dynastie Godunov zu erhalten. Zutreffender erscheint die Interpretation, dass die Vorrangstellung Marjas sich aus der Rolle Irinas 1598 herleitet, nämlich als Wegbereiterin Godunovs durch ihren Segen. Da an eine Krönung Fedors vor Ablauf der Fastenzeit nicht gedacht werden konnte, liegt der Nachdruck in den offiziellen Dokumenten in der Beweisführung zur Rechtmäßigkeit des Thronanspruchs Fedors auf der Segnung Fedors zum Zaren durch seinen Vater.[331]

Die in den gramoty angeführten Beispiele einer Bitte des Volkes an Fedor, den Carenthron zu besteigen, sind sicher von Iov ispiriert, beinhalten auch ein Moment der Wahl, deuten aber keineswegs auf eine Legitimierung Fedors durch eine Wahl hin, wie sie bei Boris Godunov stattfand.

Die im Zusammenhang mit der Eidesleistung stehenden Stellen der Dokumente legen noch engere moralische Fesseln als den Eidleistenden von 1598 an. Bei einem Eidbruch ist der Betroffene im Diesseits und im Jenseits verflucht.[332] Die Eidesformel[333] gilt für die Zarenmutter, den Car' und die Carevna Ksenija. Die erhöhte Bedeutung des Eides soll neben der in den Thronbesteigungsmanifesten angeführten Konstatierung der Rechtslage die gefährliche Lage der Godunovs überwinden helfen. Deshalb wird auch betont, dass in Moskau von allen der Eid geleistet wurde, und gefordert, dass der Eid in allen Städten geleistet werden soll und nicht zum Dieb überzugehen, der sich Dmitrij von Uglič nenne.

Sogar der Eid der „pflügenden Bauern und aller Schwarzleute[334„335] wird für Fedor wichtig. Zum ersten Mal

---

[331] vgl. Skribanowitz, H.: Pseudodemetrius I (Inauguraldissertation), Berlin (1913), S. 99 ff.

[332] SGGD II, Nr. 85, S. 194.

[333] a.a.O., S. 191.

[334] auf Land des Herrschers siedelnder Teil der steuerzahlenden Bevölkerung

wendet sich damit ein offizielles Schreiben indirekt an die untersten Schichten der Bevölkerung.[336] Den Eid, der von allen Provinzen außer Astrachan, Seversk und den schon zu Lžedmitrij übergegangenen Landesteilen[337] geleistet wurde, verweigerte jedoch das Heer, das Lžedmitrij den Zugang zur Hauptstadt verwehren sollte. Mit dem Überlaufen des Heeres zu Lžedmitrij war der Untergang der Godunovs vollends besiegelt.

5 Lžedmitrij

Bevor auf die Legitimierung Lžedmitrijs eingegangen werden kann, ist es notwendig, auf Zusammenhänge um den echten Dmitrij, die Vorgeschichte Lžedmitrijs und, da diese für das Verständnis der Legitimation in diesem Falle unbedingt erforderlich ist, auf die Reaktion in Moskau eingegangen werden.
Dmitrij Ivanovič (geb. 1582) stammte aus der 7. Ehe Ivans IV. mit Marja Fedorovna Nagaja. Da nach Platonov „es in Moskau keinen Zweifel gab, dass der Thron dem älteren der Brüder, Fedor Ivanovič gebührte"[338], wurde Dmitrij vom Carenhof entfernt und mit seiner Mutter nach Uglič verschickt. Nach dem Tode Ivans IV. gibt es von Dmitrij keine Zeugnisse mehr, auch in der Frage der Nachfolge spielte er keine Rolle.
Am 15. Mai 1591 stirbt Dmitrij. Das genaue Datum ist nach Platonov[339] den keljarskie obichodniki[340] zu entnehmen, die für diesen Tag notierten: *"Po knjaze Dmitree Ivanoviče po Ugleckom poslednem korm s postavca."* Auffallend an der

---

[335] *„pašennych krestjan i vsjakich černych ljudej"*
[336] SGGD II, Nr. 83, S. 187-190.
[337] a.a.O., S. 191-194.
[338] Platonov, Boris Godunov, S. 43.
[339] a.a.O.
[340] alltägliche Klosteraufzeichnungen

dem Todestag gewidmeten Notiz ist, dass die Rede vom knjaz' Dmitrij und nicht vom Carevič die Rede ist. Nach seinem Tod wurde Dmitrij nicht wie es für Angehörige des Herrscherhauses üblich war nach Moskau in den Archangelskij Sobor überführt, sondern wird in Uglič begraben. Nach Platonov bedeutet dies, dass Dmitrij der Überführung nach Moskau nicht für würdig befunden wurde. Beim Begräbnis war auch Car Fedor Ivanovič nicht zugegen. Augrund von Gerüchten, die besagten, dass Godunov am Tod Dmitrijs Schuld haben sollte, wurden eine Untersuchungskommission mit Vasilij Šujskij, A. Klešnin und Vylusgin und der von Iov zum Verhör Marjas bestimmte Metropolit Gelasij[341] nach Uglič entsandt, die am 19. Mai dort eintrafen.

Der Untersuchungsbericht (*sledstvennoe delo*) dieser Kommission[342] ist nach G. Vernadskij ein „authentisches und vertrauenswürdiges Dokument"[343]. Die Untersuchung ergab, dass außer Michail Nagoj, der behauptete, Dmitrij sei ermordet worden, alle übrigen Verhörten, darunter der Bruder Michails, Gregor, und die Amme aussagten, dass Dmitrij sich selbst in einem Anfall von Epilepsie getötet habe.[344]

Der Tod Dmitrijs löst in Uglič einen Aufruhr aus und der zur Aufsicht über die Nagojs beauftragte d'jak Bitjagovskij wird erschlagen. Über die Nagojs, angeblich Anstifter des Aufruhrs, wird Gericht gehalten, das mit der Verschickung Michail Nagojs in die Verbannung und Marjas in das Kloster Beloozero

---

[341] 1585 Bischof von Saraj (Rjazan')

[342] SGGD II, Nr. 103

[343] Vernadskij, G.: Tragödie von Uglič und ihre Folgen. In: JbfGO, N.F., 1955, München 1955/1956, S. 41.

[344] Zur Bestätigung, dass Dmitrij an Epilepsie litt, vgl. Berichte der Zeitgenossen Palicyn und Fletscher, zit. In: Platonov, Boris Godunov, S. 180-183.

endet. Am Tod des echten Dmitrijs in Uglič, welcher Art auch immer er gewesen sei, gibt es demnach keinen Zweifel.

Als noch vor 1604 die ersten Gerüchte über die Rettung Dmitrijs in Moskau auftauchten und 1604 Lžedmitrij mit dem Anspruch, der echte Dmitrij zu sein, in Russland von der polnischen Grenze her auftauchte, stützte sich Godunov in der Abwehr dieses Feindes natürlich zuerst auf die Untersuchung des Vorfalls in Uglič. Gleichzeitig wurde über die Person des neuen Prätendenten eine offizielle Version vorbereitet, die in zwei Exemplaren erhalten ist: in einem Hirtenbrief Iovs vom 14. (16.) Januar 1605, als Lžedmitrij nicht mehr ignoriert werden konnte[345] und im „Izvet Varlaama" vom August 1604[346]. Beide Dokumente stellen fest, dass nach dem Bericht des Mönchs Varlaam Jatskij Lžedmitrij ein entlaufener Mönch des Čudov-Klosters in Moskau sei. Eine dritte Version zur Person Lžedmitrijs[347], die in Teilen auch mit der offiziellen Moskauer Version übereinstimmt, ist am glaubwürdigsten.

In ihr wird davon ausgegangen, dass Lžedmitrij mit dem entlaufenen Mönch Otrep'ev nicht zu identifizieren sei, jedoch – hier die Angleichung an die offizielle Version – ein in Moskau als Werkzeug einer Bojarenpartei gegen Godunov ausgebildeter Unbekannter sei. Platonov[348] schlussfolgert, dass es der Kreis der Romanovs war, der das Werkzeug erfand und schmiedete. Rozkov[349] zieht den Kreis der Verantwortlichen weiter, indem er feststellt, dass es keinen

---

[345] Chronograph III, 227; AAE II, Nr. 28 (Iov an Sol'vyšegodskij monastyr')
[346] Barbour, Ph. L.: Abenteurer auf dem Carenthron, Stuttgart 1967
[347] vgl.: Skribanowitz, a.a.O., S. 176.; Platonov, smutnoe vremja S. 65-66.
[348] Platonov, Boris Godunov, S. 66.
[349] Rožkov, N.: Proizchoždenie Samoderžavija v Rossii, Moskau 1906, S. 193.

Zweifel gebe, dass Lžedmitrij von B'elskij, den Romanovs und Čerkaskij vorbereitet wurde, zu denen später Šujskij und Golicyn stießen.

Godunov selbst hatte schon gewisse Moskauer Bojaren, besonders den Romanovs, vorgeworfen, einen erfundenen Dmitrij gegen ihn zu benutzen. Es ist sicher, dass es in Moskau Bojarenkreise gab, die neben dem čern und den Kosaken Lžedmitrij auf den Thron führen wollten.

5.1 Legitimierung Lžedmitrijs

Schon bei seinem Auftauchen in den Grenzstädten des Moskauer Reiches fand Lžedmitrij Anerkennung.[350] Der in seinen, in alle Richtungen gesandten Manifesten behaupteten Legende von der wunderbaren Rettung in Uglič durch Gott wurde geglaubt und fand schnell Verbreitung. Seinen Erfolgen durch die Einnahme von Černigov und Moravsk folgte bald die Anerkennung seines Anspruchs durch Putivl', Kromy, Rylsk, Sevsk, Kursk, Orel usw. Nach einer Niederlage durch das Heer Godunovs bei Dobryničij konnte er nach kurzer Zeit erneut Erfolge verbuchen.

Nach und nach überzeugte er die Bevölkerung durch seine Manifeste mit der Forderung nach dem ihm als gesetzlichem Herrscher, der sich auf den Thron seiner Vorfahren setzen wolle, zu leistenden Eid.

In einer gramota vom November 1604[351] erwähnt er seine Rettung vor dem Anschlag Godunovs auf sein Leben „durch Gottes Wille (*Božiim proizvoleniem*)" und setzt sich „mit Gottes Hilfe auf den Thron seiner Vorväter (*s Božieju pomoščiju* [...] *na prestol praroditelej našich*)". Das letzte Hindernis für Lžedmitrij auf dem Weg zum Thron, das von Moskau ihm entgegengeschickte Heer, ist überwunden, als es

---

[350] RIB XIII, S. 803.
[351] AAE II, Nr. 26, S. 76.

unter der Führung von Basmanov, Vasilij und Ivan Golicyn ihm
den Eid leistet.

Lžedmitrij berichtet in seinem Brief an seinen Schwiegervater
Georg Mniszek von diesem Treueid: „Zu uns wurde Fürst Ivan
Golicyn, ein großer und berühmter Mann unseres Reiches –
auch von allen Räten beauftragt – mit der Erklärung der
Unterwerfung und des Gehorsams geschickt, indem er um
Milde bat [...]"[352].

Er berichtet weiter, dass Golicyn ihm gegenüber eingestanden
hätte, dass er, Lžedmitrij, der Sohn Ivans IV. sei und „auf den
Thron seiner Väter" komme. Sie, die einst gegen Lžedmitrij
gewesen seien, wären von Boris Godunov irregeleitet
worden.

Der falsche Dmitrij legt so einem Mitglied der führenden
Adelsschicht Moskaus seine Legitimierung in den Mund.

Bereits in einer gramota vom 6.Juni 1605[353] ist die Rede
davon, dass in Moskau alle Lžedmitrij den Eid gleistet hätten,
auch der Patriarch Iov (*v svoich vinach dobili čelom*). In seiner
Aufforderung an die Moskauer, besonders an Mstislavskij,
Šujskij usw.[354], den Treueid zu leisten, nennt Lžedmitrij sich
Car' („[...] *ot Carja i Velikago knjazja Dmitrieja Ivanoviča vsea
Rusi* [...]", erwähnt den Thron seiner Väter (*na pravoslavnyj –
preslavnyj ! prestol' praroditelej našich*) und erinnert an den
Eid, der Ivan IV, seinem Vater, geleistet wurde (*celovali este
krest' blažennyja pamjati otcu našemu, Velikomu Gosudarju
Carju i Velikomu Knjazju Ivanu Vasil'eviču vsea Rusi*).

---

[352] SGGD II, Nr. 87, S. 196-197: "[...] *k nam knjazja Ivana
Golicyna, velikago i znatnago čeloveka v Gosudarstvach
našich, takož i poslav iz vsech sovetov, sob'javleniem
poddanstva i povinovenija prislala, miloserdija prosja* [...] "

[353] SGGD II, Nr. 89, S. 200.
[354] AAE II, S. 89-91; Skribanowitz, a.a.O., S. 107.

Nebenbei wird Fedor Ivanovič noch als Bruder erwähnt:"[...]
brat naš, Velikij Gosudar', Car i Velikij Knjaz Fedor Ivanovič."

Nach dem Tod Fedor Godunovs am 10. Juni 1605, der die
eigentliche Voraussetzung der Sicherheit Lžedmitrijs auf den
Thron war, tauchen die oben erwähnten Versuche der
Legitimierung in den Thronbesteigungsmanifesten auf.[355]
In einer gramota an die sibirischen Heerführer rettet Gott mit
seiner „nie gesehenen Kraft (*nevidimoju siloju*)" Lžedmitrij vor
dem Anschlag Godunovs und er kann sich deshalb auf den
ihm angestammten Thron setzen:"[...] *s Božieju pomoščiju sel
na prestole praroditelej svoich."*
In allen oben zitierten Passagen ist der Tenor der
Legitimierung Lžedmitrijs dessen Rettung in Uglič durch
Gottes Hilfe und der Hinweis auf das Erbe seines Vaters, Ivan
IV. Bewusst wird an Formulierungen der alten Dynastie
angeknüpft und in großen Zügen der Legitimierung seiner
Vorgänger (Godunov) angeglichen. Der „*prestol praroditelej*"
ist rechtmäßiger, d.h. traditionellen Besitz Lžedmitrijs, und
erleichtert ihm insofern den Anspruch auf den Thron zu
rechtfertigen, als er die Stelle des verstorbenen Dmitrij
einnimmt und damit konsquent in der Argumentation die alte
Dynastie in ihm weiterlebt. Die Legitimierung durch Gott ist
schon in seiner wunderbaren Rettung in Uglič gegeben.
Die in SGGD II, Nr. 89 erwähnte Eidesleistung durch den
Patriarchen Iov- „*Iov, Patriarch Moskovskij i vsea Rusi* [es folgt
eine Aufzählung der Ränge] *dobili čelom*" ist auf jeden Fall
eine Fälschung, da dieser ein überzeugter Anhänger
Godunovs war. Da die gramota noch vor dem Einzug
Lžedmitrijs in Moskau erscheint, soll die Erwähnung Iovs
sicher noch letzte Zweifler von der Echtheit Lžedmitrijs
überzeugen.

---

[355] SGGD, II, Nr.89, 90, 91; AAE II, S.92, 93, 84.

Um die Legitimierung durch die Kirche zu erhalten, hatte Lžedmitrij den Erzbischof von Rjazan', Ignatij, nach Tula in sein Hauptquartier geholt und ihn zum Nachfolger Iovs ernannt, da er von Iov niemals eine Anerkennung seiner angeblichen Rechte auf den Thron erwarten konnte.

Diesen Vorgang der Ernennung eines „persönlichen" Patriarchen kann man bei jedem Herrscher oder Prätendenten während der smuta beobachten. Selbst der zweite Lžedmitrij, genannt „Dieb (vor) von Tušino", folgt diesem Beispiel und ernennt, um auch für sich und seine „Herrschaft" einen Patriarchen als Legitimierung der Herrschaft durch die Kirche vorweisen zu können, Filaret, den Vater Michail Romanovs, zu seinem Patriarchen.[356]

Ignatij, ein unter Fedor Ivanovič nach Russland gekommener Grieche, nahm die Ernennung durch Lžedmitrij an, und gab, mit Lžedmitrij in Moskau eingezogen, diesem auch den Segen der Kirche, indem er in einer gramota[357] die Formulierungen seines Herrn von der wunderbaren Rettung dessen durch Gott und dem Recht Lžedmitrijs, auf dem Thron seiner Vorväter zu sitzen, übernimmt. Gleichzeitig verkündet er seine Erennnung zum Patriarchen und ordnet Festmessen für Lžedmitrij und die Carinmutter Marfa an.

Um seinen Anspruch auf den Thron endgültig festigen zu können, benötigte Lžedmitrij die Legitimierung durch die Carinwitwe Ivans IV, Marja Nagoj, die im Kloster (vgl.oben) den Namen Marfa angenommen hatte.

Noch bevor sie durch Skopin- Šujskij an den Hof zurückgeholt wurde, unterzeichnete Lžedmitrij einige gramoty mit seinem und dem Namen seiner angeblichen Mutter, um auch mit diesem formalen Vorgang des Vorranges Marfas vor seiner Person eine Kopie des Vorgangs der Inthronisation Fedor

---

[356] SGGD II, Nr.90, S.201.
[357] SGGD II, Nr.92, S.204.

Godunovs herzustellen. Auf den gramoty erscheint so vor und nach der Anerkennung Lžedmitrijs als Sohn Ivans IV. durch Marja der Name Marfas vor dem ihres „Sohnes". Die Szene des Wiedererkennens des Sohnes durch die Mutter vor den Toren Moskaus[358] in Tajninskoe als geschickte Inszenierung Lžedmitrijs zu erkennen, bedarf es keiner Schwierigkeit. Für Barbour als Betrachter der Szene des Wiedererkennes „verflüchtet sich jeder Zweifel mit dieser Umarmung"[359], wobei Barbour entgeht, dass Marja in Uglič geschworen hatte, dass ihr Sohn in den Armen der Amme verblutet sei und dass Šujskij mehrmals auf dem *lobnoe mesto* verkündet hatte, dass Lžedmitrij ein Usurpator sei.

Gleich der Eidesformel für Fedor Godunov und seine Mutter ist der Eid[360] auch jetzt für Marfa und ihren „Sohn" Dmitrij zu leisten[361].

Neben der von Marfa erzwungenen Legitimierung Lžedmitrijs geht gleichzeitig eine „Restauration" vor sich, indem die Verbannten, als erste Marfas Brüder und Vettern, als „Verwandte" Lžedmitrijs nach Moskau zurückgeholt werden. Um zu beweisen, dass er der echte Dmitrij ist, überführt Lžedmitrij die Gebeine Vasilij Romanovs nach Moskau als Symbol dafür, dass die Godunovs, da sie dem Volk Unrecht taten, zur Herrschaft nicht legitimiert seien – so, wie er es vor seinem Einzug in Moskau angekündigt hatte. Indem er die Romanovs, die unter Godunov gelitten hatten, ehrt, beweist er seine Legitimität als gerechter Herrscher. Als Ergänzung hierzu lässt er die Gebeine Boris Godunovs aus dem Archangelskij Sobor entfernen.

---

[358] Barbour, a.a.O., S.127
[359] a.a.O.
[360] SGGD II, Nr.91, S. 202
[361] AAE II, Nr.38, S.94. : *"Celuju sej krest' Gosudarynje svoej carice i velikoj knjagine inoke Marfe Fedorovne vsea Rusi."*

Wie Platonov[362] mit Recht vermutet, bedurfte es bei Lžedmitrij zur Legitimierung nicht des Elements der Wahl. Dies hätte sich in starkem Widerspruch zu seiner Legitimierung als Sohn Ivans IV. und damit als rechtmäßigem Erben der Herrschaft befunden. Der Befehl Lžedmitrijs, Gewählte nach Moskau zu schicken, erschöpft sich nach Platonov[363] in dem Versuch, Adlige (*dvorjane*) als Zierde am Hof zu halten, Moskauer Verhältnisse an polnische anzugleichen und in einer einfachen Gunstbezeugung dem Adel gegenüber.

Die Legitimierung durch Krönung Lžedmitrijs fand nach altem Ritus am 21. Juli 1605 im Uspenskij Sobor durch den Patriarchen Ignatij statt. In einem Brief an Mniszek über seine Krönung[364] gebraucht Lžedmitrij zum ersten Mal einen Titel, der ihn in Auseinandersetzungen mit Sigismund von Polen bringen sollte. Er nennt sich *„Nos serenissimus ac invictissimus Monarcha Demetrius Ioanni, Diei gratia Caesar et Magnus dux“*. Sigismund hatte, wohl bewusst, dass die Gratulation an einen, Polen Versprechungen machenden Usurpator gerichtet ist, in seinem ersten Schreiben zur Thronbesteigung Lžedmitrijs diesen nicht mit Car', sondern nur mit *„Herrn und Großfürsten von Moskau“* angeredet.[365] Lžedmitrij ist in seiner Antwort an Gosiewski[366] wegen der Schmälerung seines Titels beleidigt[367], wie er sich auch in den Instruktionen für den Gesandten zum Vortrag vor

---

[362] Platonov, K istorii, S.299-300.

[363] Platonov, a.a.O.

[364] SGGD II, Nr.95, S.212

[365] Barbour, a.a.O., S.149; Skribanowitz, a.a.O., S.130 ff

[366] Alexander Corvinus Gosiewski (+1639) polnisch-litauischer Diplomat, Anhänger der polnischen Militärintervention in Moskau

[367] SGGD II, S.216-217.

Sigismund[368] über die Schmälerung seines Titels beschwerte, weil er nicht Caesar genannt wird.

Von polnischer Seite ließ man sich nicht beirren und die polnischen Gesandten, die mit der Frau Lžedmitrijs, Marina Mniszek, in Moskau erschienen waren, redeten Lžedmitrij bei der Audienz wiederum nur mit „Fürst" an. Lžedmitrij bestand den Gesandten gegenüber auf seinem Titel mit der Feststellung, dass der Titel dem Car von ganz Russland „durch Gott gegeben sei"[369]

Bevor jedoch aus Sigismunds Kanzlei an den Gesandten Lžedmitrijs, Ian Ruczinski, in Anspielung auf die beabsichtigte Gleichstellung durch Lžedmitrij mit Sigismund mittels der Titulierung *„invictissimus Caesar"* kategorisch festgestellt wurde , dass es *„Sitte sei* [...] *alte Titel nicht zu nehmen und anzufügen (obyčaj est'* [...] *starye tituly ne otnimati i ne pribavlivaet)"*, zeichnete "Dmitrij" seine gramoty nur noch mit Gosudar' usw. und nicht mehr mit *invictissimus Caesar.*[370]

In diesem Titelstreit, der eine deutliche Legitimationsschmälerung Lžedmitrijs vor dem Ausland durch Polen bedeutete, versuchte dieser ohne Erfolg den päpstlichen Hof als Vermittler einzuschalten.

5.2 Zweifel an der Legitimität Lžedmitrijs und Sturz

Lžedmitrij, der, nach Skribanowitz, „die raffiniert geschmiedete Waffe einer Bojarenpartei, welche Boris Godunov den Thron neidete"[371] war, dessen Legitimität als Sohn Ivans IV. sich nur „durch die Sprache seiner Manifeste

---

[368] SGGD II, Nr. 103, S.226.
[369] vgl. Skribanowitz, a.a.O., S.145.
[370] SGGD II, Nr. 107, S.279.
[371] Skribanowitz, S.149.

offenbarte"[372], sollte auch durch die ihn zuerst stützende Bojarenpartei unter Vasilij Šujskij vom Thron entfernt werden. Der Sturz Lžedmitrijs vom 27. Mai 1606 durch Šujskij, Golicyn und andere wurde von diesen mit der Bewusstmachung der scheinbaren Legitimität, mit der sie diesen zuerst ausstaffiert hatten, durchgeführt, indem sie die Moskauer auf dessen Handlungen aufmerksam machten. Das Anfechten der Legitimität Lžedmitrijs in dem Titelstreit mit Sigismund war nur das erste willkommene Anzeichen für den Sturz des Usurpators. Es folgte die öffentliche Anschuldigung bei einer Audienz durch einen Mönch, der Lžedmitrij vorwarf, Griška Otrep'ev[373] und Verursacher von Strelitzenunruhen zu sein. Letzteres wurde deshalb wichtig, da Lžedmitrij selbst zugab, diese angestiftet zu haben[374], dabei aber nochmals öffentlich seine Identität mit Dmitrj beschwor.

Gravierende Traditionsbrüche durch Lžedmitrij waren als Argumente zum Sturz desselben für Šujskij und Golicyn wichtiger. [375]

Lžedmitrij unterlässt z. B. vor dem Essen das Beten, danach das Händewaschen. Nach dem Essen geht er, anstatt zu schlafen, spazieren. In die Kirche reitet er, statt mit der Kalesche zu fahren. Er tötet beim Spiel eigenhändig Bären und liebt Tanz und Musik. Ebenso negativ ist der Eindruck, den er auf die Moskauer mit seiner Vorliebe für das Ausländische macht: Er umgibt sich mit Ausländern, z.B. mit einer Leibgarde von Deutschen. Die vielen in Moskau lebenden Polen sind den Moskauern ein Dorn im Auge, darüber hinaus hält er den Moskauern ihre Ungebildetheit vor.[376] Durch die Heirat mit der Katholikin Marina Mniszek verscherzt

---

[372] Fleischhacker, Zwei Dynastien, S.89.
[373] Skribanowitz, a.a.O., S.152.
[374] SGGD II, S.297.
[375] Skribanowitz, S.154 ff
[376] a.a.O., S.155, Anm.17

Lžedmitrij sich die Gunst der rechtgläubigen Moskauer vollends. Marina ist im Gegensatz zu den sonst immer rechtgläubigen Carinnen bei ihrem katholischen Glauben geblieben (*„Dann nahm sich Griška die Tochter des Voevoden von Sandomir zur Frau* [...] *sie war aber lateinischen Glaubens*[...]*"*[377]. Als Ergebnis wird sie zur Trauung zwar eingesegnet, erhält aber kein Abendmahl.

Noch wichtiger für die Moskauer war aber die religiöse Laxheit Lžedmitrijs, die von Šujskij (vgl. unten) als eines der Hauptargumente zur Legitimierung seiner eigenen Herrschaft angeführt wird: Lžedmitrij wechselt zweimal den Glauben, ein Infifferentismus, der den Moskauern hätte verborgen bleiben sollen.[378] Den letzten Beweis für den fehlenden rechten Glauben liefert Lžedmitrij mit dem Austausch von Gesandtschaften mit dem Papst und der Erlaubnis, die er katholischen sowie protestantischen Geistlichen erteilt, öffentlich Gottesdienste abzuhalten.

Der Sturz Lžedmitrijs im Namen des wahren Glaubens[379] resultiert aus dem Machtstreben der Bojaren, die ihn wie z.B. Šujskij mit dem öffentlichen Bekenntnis der Echtheit Lžedmitrijs in seiner Legitimität gefördert hatten. Letzten Endes aber nutzten die Gegner Lžedmitrijs die fehlende Übereinstimmung der konstruierten Legitimität mit einer von den Moskauern akzeptierten aus, um den Sturz ihres einstigen Günstlings herbeizuführen.

An dieser Schlussfolgerung gehen Beurteilungen vorbei wie die Barbours, der sich der Meinung Suvorins[380] anschließt,

---

[377] SGGD II, S.309

[378] Skribanowitz, a.a.O.,S.155, Anm.15

[379] vgl. Leitsch, Moskau, S.39; Ikonnikov, V.S.: Novyja izledovanija po istorii smutnago vremeni Moskovskogo gosudarstva, Vladimir 1889, S.189

[380] Suvorin, A. S.: O Dmitrij Samozvance, kritičeskie očerki, SPb 1906

dass Lžedmitrij der echte Carevič gewesen sei, der als Adoptivsohn Bogdan Otrep'evs aufwuchs, oder die These Latkins, der mit dem Begriff "Volk" operiert, welches in Lžedmitrij den echten Carensohn erkannt habe, und der seine These damit stützt, dass alle Schichten des Volkes einschließlich des Patriarchen Iov Lžedmitrij „den Eid leisteten (*čelom bili*)"[381].

6 Vasilij Šujskij

Die Verschwörer des 17. Mai, die Šujskie, Ivan Kurakin, Ivan M. Vorotynskij, hatten, uneingedenk des Versprechens, den Sohn Sigismunds, Wladyslaw; zum Caren zu machen, eine Partei gebildet, die Vasilij Šujskij auf den Thron führte.

Das Versprechen, Wladyslaw zum Caren zu machen[382], gründet sich auf einer angeblich privaten Unterredung, die der mit Briefen Lžedmitrijs für Sigismund vom 14.- 22. Januar am polnischen Hof weilende Gesandte Bezobrazov mit Gasiewski hatte und in der er sich über die Unwürdigkeit der Regierung Lžedmitrijs im Auftrag Šujskis und Golicyns beklagen und die Bitte aussprechen sollte, dass Wladyslaw über Moskau herrschen solle.[383]

Innerhalb dieser Bojarenpartei wurde die Abmachung getroffen, dass, wer auch immer Car sein würde, an niemandem Rache wegen früherer Beleidigungen nehmen sollte.[384]

Ein Quelle berichtet, dass die Bojaren angeblich im Sinne hatten, einen Zemskij Sobor einzuberufen: „Die Bojaren begannen darüber nachzudenken, wie man aus dem gesamten Land zusammenkommen könnte, und dass alle

---

[381] Latkin, a.a.O., S.97.
[382] Fleischhacker, Zwei Dynastien, S.105.
[383] zit. in: Skribanowitz, S.151.
[384] Fleischhacker, zwei Dynastien, S.106; Platonov, očerki. S.299.

Leute aus den Städten nach Moskau kommen sollten, um über die Wahl eines Herrschers über das Moskauer Reich zu beraten". [385]

Dieser Aussage ist aber wenig Gewicht beizumessen, da die Handlungen der Bojaren, die schon am 19. Mai Šujskij im Kreml, danach auf dem lobnoe mesto dem Volk als neuen Herrscher vorstellten, für sich sprechen. Wie 1598 bei der Legitimierung Godunovs wird 1606 durch Šujskij eine Kombination verschiedener Rechtsmomente zur Legitimierung vorgenommen, wobei auf Widersprüche nicht Rücksicht genommen wird, wie bei der Behandlung des Thrones, der ihm „kraft der Abstammung von Rjurik und auf Bitten des heiligen Synods, der Bojaren und aller Leute des moskauischen Reiches" zustehe.

6.1 Legitimierung als Rjurikide

Der erste Versuch Šujskijs, sich zu legitimieren, besteht darin, genealogisch eine direkte Anknüpfung an die alte Dynastie vorzunehmen, die ihn über das ihm von den Bojaren zugedachte Primat erheben soll.

Die Bojaren kürten Šujskij nach dem mestničestvo, d.h. der Ableitung des Standes von unter her, nicht von oben.[386] Die Grundlage der Legitimität Šujskijs jedoch ist seiner Vorstellung nach seine Abstammung vom Ahnherrn Aleksandr Nevskij. Mit der Rückführung seiner Ahnenreihe auf diesen versucht er zu beweisen, dass die Šujskije, von Nevskij

---

[385] PSRL XIV, S.69:"*Po ubienii s Rostrigine načaša boljare dumati kak by soslatca so vseju zemleju i čtob priechali s gorodov v Moskve vsjakie ljudi, kak by po sovetu vybrati na Moskovskoe Gosudarstve Gosudarju [...]*"

[386] Fleischhacker, zwei Dynastien, S.107.

hergeleitet, höher stehen als die Daniloviči. Andrej, der Stammvater der Šujskijs, war der älteste, Daniil der jüngste Sohn Aleksandr Nevskijs.

Im zapis' Šujskijs von 1606[387] wird die Dynastie Šujskij aufgerollt, indem zuvorderst eine Verbindung von Rjurik zum römischen Kaiser hergestellt wird: *„Zum Caren und Großfürsten auf der otčina unserer Vorväter, dem Russischen Reich, wurde gottgegeben unser Vorfahr Rjurik, der vom römischen Kaiser [stammt]"*[388] Die zweite Stufe der Abstammung Šujskijs ist Aleksandr Nevskij: *„[…] und viele Jahre danach und bis auf unseren Ahnherrn, den Großfürsten Aleksandr Jaroslavič Nevskij, waren in diesem Russischen Reich meine Vorfahren."*[389] Der direkte Hinweis auf die im Vergleich zur alten Dynastie der Daniloviči höhere Abstammung der Šujskijs wird folgendermaßen wiedergegeben: *„[…] und so wurde ihm nicht durch Raub oder Zwang, sondern der Geburt nach das Fürstentum Suzdal' zugeteilt, wie gewöhnlich der ältere Bruder auf dem wichtigeren (größeren) Ort sitzt […]"*[390].

In der Wahl der Argumente, vor allen Dingen in der Auswahl der Wörter „otčina", „po rodstvu", „sedaši" [auf den Thron] führt Šujskij seine Legitimation eindrücklich auf die starina

---

[387] SGGD II, Nr.141, S.299: vgl. Kločkov, N. N. [Hrsg.]: Pamjatniki istorii smutnago vremeni,Moskau 1909, Nr. I, S.17

[388] *učinilis' esmja na otčine prarodidelej našich […] na Rossijskom Gosudarstve carem i Velikim Knjazem, egože darova Bog prarodotel'ju našemu <u>Rjuriku, iže be ot Rimskago Kesarja</u>.*

[389] *„i potom mnogimi letym i do praroditelja našego Velikago knjazja Aleksandra Jaroslaviča Nevskago na sem Rossiskom Gosudarstve byša praroditeli moi."*

[390] *[…] i po sem na Suzdal'skoj udel' razdelišas ne otnjatiem i ne ot nevoli no po rodstvu, takože obykli bol'šaja brat'ja na bol'šaja mesta sedaši […]."*

zurück. Den Thron besteigt er *„po stepeni po kolenstvu [praroditelej našich]"*[391], d.h. nach dem Grad des genealogischen Wertes.

Durch Šujskij scheint hier der direkte Versuch unternommen worden zu sein, die im letzten dynastischen Kampf in Moskau 1425-1462 unter Vasilij II. in der Legitimierung gewonnene Oberherrschaft der Primogenitur über das Seniorat zugunsten des letzteren wieder einzuschränken.

Selbst wenn die Šujskijs aus der älteren Linie der Vladimir-Suzdaler Fürsten hervorgingen, einen geburtsmäßigen Vorrang vor den Daniloviči beanspruchten und *„po otečestvu"* sogar höher als die ältesten Gediminoviči standen, ein Grund, weswegen die Polen die Šujskije als natürliche Nachfolger der alten Dynastie in Moskau betrachtet haben sollen[392], selbst dann ist der Vergleich mit der alten Dynastie nicht überzeugend, da alle von Rjurik abstammenden fürstlichen Familien in den Dienst der Moskauer Großfürsten nach dem mestničestvo geraten waren, oft sogar an niedrigerer Stelle des mestničestvo, als es vielleicht ihrer Beziehung in der Stammtafel zu Rjurik gebührte.[393]

6.2 Legitimierung durch Wahl

In den unter Šujskij erschienenen Dokumenten ist über eine Wahl desselben durch einen Zemskij Sobor kein Dokument vorhanden.

Nur in einer gramota Šujskijs nach Perm wird eine mit Absicht undeutlich gehaltene Aussage über eine "Wahl" des Caren

---

[391] AAE II Nr.44, S.101.

[392] Platonov, Boris Godunov, S.37; Cvetaev, D. V.: Car Vasilij Šujskij i mesta pogrebenija ego v Pol'se 1610-1910 gg, Bd.1, Moskau-Warschau 1910, S. 31., weiter Car Vasilij

[393] vgl. hierzu Ključevskij, V. O.: Bojarskaja duma drevnej Rusi, Petersburg 1919, S.356.

gemacht: [...] *und danach* [...] *wählten sie* [denjenigen][...], *den Gott wollte, dass er Car sei* [...]"[394]. Daneben gibt es noch einen Hinweis auf einen beabsichtigten Zemskij Sobor im Novyj letopisec[395] (vgl. oben), der von Beratungen der Bojaren über dieMöglichkeit eines Zemskij Sobors spricht. Selbst wenn solche Gedanken laut geworden sind, mussten sie Fiktion bleiben, da das Land mit der Erhebung Šujskijs zum Caren schon vor vollendete Tatsachen gestellt worden war.

Die in den Quellen erwähnte Wahl (*izbirali*) ist der Versuch, sowohl wörtlich als auch inhaltlich ein Stück der Legitimierung Godunovs in ein offizielles Dokument zu retten.

Eine wirkliche Wahl als Legitimierung der Herrschaft Šujskijs hätte die Legitimierung durch Abstammung als Rjurikide entscheidend geschwächt, da ein Herrscher, der nach dem Senioratsprinzip noch mehr Rechte auf den Moskauer Thron als die verstorbene Dynastie beansprucht, eine Wahl durch irgendwelche Volksschichten nicht notwendig hat.

Godunov hatte die Wahl durch einen Sobor als Zusatz zu seiner Legitimierung durch Verwandtschaft und Leistung benötigt, deshalb entstand in seiner Legitimation kein direkter Widerspruch. Seine Legitimierung in den offiziellen Dokumenten kann als gelungen bezeichnet werden, während der Versuch Šujskijs, auch nur eine Wahl anzudeuten, die Schwächen seiner Legitimierung aufzeigen und damit letztlich auch die Schwäche seines Cartums.

Latkin, der in der angeblichen Wahl „eine Parodie auf einen Sobor"[396] sieht, nimmt an, dass Šujskij und seine Partei den Vorschlag einiger Bojaren ablehnen, einen allgemeinen Sobor einzuberufen, da die „Usurpation" des Thrones schnell vor sich gehen musste. Hierbei stützt Latkin sich auf eine Passage

---

[394] AAE II, Nr.44, S.100.

[395] PSRL XIV,N.L., S.69.
[396] Latkin, a.a.O., S.99-103

in der Chronik, nach der „einige Leute den Fürst Vasilij Ivanovč umstimmten, sich nicht mit dem ganzen Land zu beraten"[397].

Letzten Endes vermochte sich Šujskij nur durch den Zuspruch der Menge auf dem Kremlplatz und den seiner Partei zu legitimieren. Dieser Legitimierung versucht er eine ideale Ausweitung zu geben.[398] Die Aufzählung von Schichten der gesamten Bevölkerung und deren Repräsentanten, die ihn bitten, die Macht zu übernehmen („Und es baten (*bili čelom*) uns die Metropoliten, [...] der heilige Sobor, Bojaren, okol'niči, dvorjane, prikaznye ljudi,stol'niki, strjapčie, deti bojarskie, gosti, torgovye und alle Leute des Moskauer Reiches, dass wir im Moskauer Reich Herrscher, Car und Großfürst sein mögen [...]"[399]) gleicht einem verzweifelten Versuch, den rechtmäßigen Sobor von 1598 nachzuahmen, dessen Wahlentscheid man in der Zeit als legitim ansehen kann.

Den Antritt seiner Macht begründet Šujskij mit dem „čelobitie der Bojaren (*za čelobit'em bojar*)" und der „Bitte unserer Metropoliten (*za prošeniem bogomol'cov našich mitropolitov*)"[400]. Durch diese Bitten soll der Verdacht einer Usurpation ausgeräumt werden. Trotz der offiziellen Argumentation ist klar, dass Šujskij die Macht aus den Händen einer vergleichsweise kleinen Partei erhielt, deren Unterstützung er sich durch Versprechen kaufen musste[401], und nicht durch einen repräsentativen Querschnitt aller Schichten oder einen traditionellen Sobor wie 1598.

---

[397] PSRL VII, S.75: „*nemnogie ljudi umyslja po sovetu knjaz' Vasil'ja Ivanoviča Šujskago i ne sovetovat' so vseju zemleju [...], da i na Moskve ne vedachu mnogie ljudi.*"

[398] AAE II, Nr.44, S.101; vgl.Kločkov, S. 18-19.

[399] SGGD II, Nr.142, S.300; Nr.144, S.303.

[400] AAE II, Nr.44, S.101.

[401] vgl. Latkin, a.a.O., S.-103-104.

Da nach Ključevskij[402] die Bojaren und „alle Leute" fanden, dass es sich nicht zieme, die Macht mit einem Zemskij Sobor zu teilen, bedeutete dies, dass es sich ziemte, die Macht mit der bojarskaja duma zu teilen, was diese auch erreichte.

Die Zeitgenossen, die sich zur Herrschaft Šujskijs und zu deren Zustandekommen äußerten, sind im Allgemeinen der Ansicht, dass diese Herrschaft nicht legitim sei.

Außer der „Erzählung von 1606", einer panegyrischen Darstellung des Cartums Šujskijs, und die „Rukopis' Filareta"[403], die das Umgehen des Zemskij Sobor mit der Verbindlichkeit der Entscheidung, die angeblich rasch gefällt werden musste, erklärt, widerspricht die Legitimierung der Herrschaft durch die Menge auf den Roten Platz dem Sachverhalt, wenn diese Menge den Volkswillen symbolisieren soll.

Katyrev-Rostovskij[404] beschuldigt Šujskijs der Agitation, Šachovskoj[405] erwähnt lediglich die Tatsache der Thronbesteigung, Avraamij Palicyn beurteilt die Carenwahl ungünstig, da Šujskij nur von einigen gewählt worden sei: „[...] nur wenige des carischen Amtes[406] wollten, dass Fürst Vasilij Ivanovič Šujskij Car sein soll und in das carische Haus geführt wird und von keinem der genannten Mächtigen noch vom übrigen Volk wurde er gebeten."[407] Timofeev[408] verurteilt die Umgehung des Sobors durch Šujskij auf's Schärfste. Šujskij sei

---

[402] Ključevskij, Bojarskaja duma, S.360.

[403] Fleischhacker, Zwei Dynastien, S.108.

[404] RIB XIII, S.658.

[405] a.a.O., S.870.

[406] Im Text (siehe Anm. 501) *"polat"* richtig palat (Amt)

[407] RIB, XIII, S.999.: „[...] *malimy nekimi ot carskich polat izljublen byst' carem knjaz' Vasilij Ivanovič Šujskij i vozveden' byst' v carskij dom, i nikim že ot vel'mož prerekovan ni ot pročego narodu umolen'"*.

[408] a.a.O., S.389.

ein „selbstgewählter Car", der ohne Zustimmung Gottes sich auf den Thron setzt und nicht den Rat aller Städte ganz Russlands einzuholt. Šujskij ist ein „selbstgekrönter Car (*samovenčennik*)".

Interessant ist die Wandlung der Beurteilung der Legitimierung des Herrschers durch Wahl bei den Zeitgenossen. Für Timofeev ist der Volkswille als Legitimierung für Godunov noch negativ, obwohl dieser den Volkswillen eigentlich brauchte, während er bei Šujskij, einem Abkömmling der Rjurikiden, das Fehlen des Volkswillens, ausgedrückt im Zemskij Sobor, bemängelt wird. Abgesehen von der Beeinflussung Timofeevs durch den Sobor 1613, der ihm die objektive Beurteilung der vorangegangenen Sobore sicher erschwerte, wird mit dem Regierungsantritt Šujskijs deutlich, dass die smuta schon eine Veränderung in der Betrachtung der Legitimität der Herrscher bewirkt hatte. Die Herrscher nach Godunov konnten sich nicht allein mit der Abstammung von Rjurik legitimieren. Eine solche Legitimation war für eine Zeit, in der die verschiedensten Bevölkerungsgruppen politisch aktiv geworden waren, nicht mehr tragfähig.

6.3 Legitimierung durch Gott

Wie jeder Car' vor ihm, benötigte auch Šujskij die Legitimation durch Gott, die jedoch in den offiziellen Dokumenten seltener als früher und fast nur noch als Floskel auftaucht.

Er ist Herrscher „nach dem Willen Gottes (*za voleju Božieju)*" und „durch göttliche Gnaden-Wohltaten und Menschenliebe des gelobten Gottes (*Božieju milostiju-ščedrotami i čelovekoljubiem slavimago Boga)*"[409].

---

[409] AAE II, Nr.44. S.101; vgl. Kločkov, S.18-19.

In seinem čin[410] ist er „von Gott geliebt, von Gott auserwählt und von Gott geachtet (*Bogom vozljublennyj i Bogom izbrannyj i Bogom počtennyj*)"- eine Formulierung direkt von Godunov übernommen- und „namentlich eingesetzt vom höchsten unaussprechlichen göttlichen Willen (*i narečennyj postavljaemyj ot vyšnago neizrečennago promysla Božija* [...])". Seine Wahl ist ebenso gottgefällig wie die Godunovs. Auch er wurde nach dem Motto „wen Gott will *(komu Bog izvolit)"*[411] gewählt. Die Wahl durch Gott muss die Wahl durch einen Zemskij Sobor gänzlich ersetzen.

6.4 Legitimierung durch Krönung

Šujskij setzte sich über die Bedenken, die Fedor Godunov noch hatte, hinweg und ließ sich elf Tage nach der "Wahl" krönen.[412]

Er setzte sich, insofern hat Timofeev mit seiner Beurteilung Šujskijs als „*samovenčennik*" recht, noch vor Bestellung eines Patriarchen die Krone auf. Diese Art der Selbstkrönung verletzte sicher gravierend das Legitimitätsgefühl der Moskauer Bevölkerung.[413]

Im čin der Krönung[414], die Krönung erfolgte am 01. Juni 1606, ist deutlich die Reaktion auf das Neue der dynastischen Ideen Godunovs in dessen čin zu sehen. Es wird betont, dass nach dem Tod Fedor Ivanovičs die carische Familie noch nicht ausgestorben gewesen und so in Godunov „[...] ein Car nicht carischen Geschlechts" entstanden sei (*vosta Car', ne ot carskogo koreni* [...] *izbran' byst' na carstvo vseja velikija*

---

[410] AAE II, Nr.47, S.105.
[411] SGGD II, Nr. 142, S.300.
[412] Platonov, Očerki, S.308.
[413] RIB XIII, S.308.
[414] AAE II, Nr.47, S.104-106.; Šachmatov, S.260.

Rosija ot carskogo sigklita Boris Godunov [...])". Die Ungesetzlichkeit der Krönung Godunovs wird fast mit der Ungesetzlichkeit der Krönung des „Ketzers" und „selbsternannten" Dmitrij gleichgesetzt. Dieser ungesetzlichen Krönung stellt Šujskij seine Krönung nach altem Brauch gegenüber. Der Thron ist der Thron der alten Dynastie, zu der er sich rechnet, da er aus altem fürstlichem Geschlecht sei. Die Rechtfertigung seiner Herrschaft erhält Šujskij in der Rede des Metropoliten: „Dir, großem Herrscher, gebührt es auf dem Thron deiner Vorfahren zu sein und gekrönt zu werden mit der Carenkrone nach eurem alten carischen Brauch (*tebe, velikomu Gosudarju, dovleet byti na prestole praroditelej svoich i venčatisja carskim vencem, po drevnemu vašemu carskomu obyčaju*)"[415].Über Ivan IV. wird in der Rede des Metropoliten wie über einen Verwandten des neuen Caren gesprochen. Eine Andeutung zu einer Wahl oder eine Begrenzung der Macht Šujskijs ist im čin nicht enthalten und wohl aus dem Selbstverständnis des Cartums Šujskijs abzuleiten, das sich im čin nur auf das Erbe der Herrschaft stützt. Der čin Šujskijs ist früheren činy gegenüber stark gekürzt und es ist fraglich, ob er überhaupt angewendet wurde, d.h. offiziell war oder nicht.

6.5 Rechtfertigung des Sturzes Lžedmitrijs

Ein Teil der Legitimierungskampagne Šujskijs zur Rechtfertigung seiner Herrschaft musste die Rechtfertigung des Sturzes Lžedmitrijs sein, zumal Šujskij es war, der, nachdem er unter den Godunovs die Untersuchung zum Tod in Uglič mit dem Ergebnis beendet hatte, dass Dmitrij Ivanovič auf jeden Fall tot sei, dies unter Fedor Borisovič Godunov mehrmals verkündete, nach dem Siegeszug Lžedmitrijs jedoch

---

[415] AAE II, Nr.47, S.105.

öffentlich dessen Identität mit dem verstorbenen Dmitrij beschwor.

Deshalb versucht Šujskij, mittels einer Rückkehr zu seiner alten Behauptung vom Tod Dmitrijs seine Legitimität durch die Nichtlegitimität Lžedmitrijs zu rechtfertigen.

Die Kampagne beginnt mit einem posthumen Prozess gegen Lžedmitrij mit Zeugenaussagen, Indizien usw.[416] Um die Öffentlichkeit wirbt er mit Manifesten, Rundschreiben, Apellen und literarischen Produkten wie „Die Erzählung von 1606"[417].

In einem Bruchstück einer okružnaja gramota der Bojaren über Lžedmitrij[418] ist Gott der Bewahrer des rechten Glaubens, indem er die Anschläge desselben auf sich nicht zulässt. Lžedmitrij sei nicht der echte Dmitrij, denn „wir, alle Bojaren, okol'niči, dvorjane und alle Leute (*my vse bojare i okol'niči i vsjakie ljudi*)" wissen, dass es der Dieb (*vor*) Griška Otrep'ev ist. Beweis dafür seien die Aussagen der Mutter des echten Dmitrij und deren Bruder Michail Nagoj, die bewiesen, dass der echte Dmitrij starb.

Schon in dieser gramota wird das sledstvennoe delo, das Šujskij wohlweislich eine Zeitlang vergessen hatte, als Beweisstück wieder ausgegraben.

Das Hautargument für den Sturz Lžedmitrijs ist das in Moskau sicher zugkräftigste Argument: dessen Zugehörigkeit zum katholischen Glauben und sein Verhältnis zum rechten Glauben der Moskauer.

In einer okružnaja gramota ist Šujskij der Verfechter des wahren Glaubens- ihm gegenübergestellt wird Lžedmitrij.[419] Dieser beschmutzte die Kirche Gottes und wollte andere Glaubensformen einführen (*i Cerkvi Božii oskvernil'* [...] *i*

---

[416] SGGD II, Nr.147, S.308.
[417] Fleischhacker, Zwei Dynastien, S.118.
[418] SGGD II, Nr.142, S.300.
[419] a.a.O., Nr.144, S.302.

chotel [...] *učinit' Ljutorskuju i Latynskuju veru)"*. Als Beweis dazu werden Urkunden angeführt, in denen Lžedmitrij dem Papst sein unerschütterliches Festhalten am „lateinischen Glauben" versichert und dem katholischen König von Polen Smolensk und nördliche Städte verspricht. Šujskij versucht sich hier sogar als Retter der heimatlichen Erde zu profilieren und zu legitimieren.

Die Bevölkerung Moskaus wurde kurz nach der Krönung Šujskijs in einem Apell auf dem RotenPlatz angesprochen, wo von Šujskij die Ursachen dargelegt werden, warum der falsche Dmitrij erschlagen worden sei.[420]

Zur Vervollständigung der Beweiskraft seiner Argumente gegen Lžedmitrij veranlasst Šujskij die Kanonisierung Dmitrij Ivanovičs.[421] Da Dmitrij das žitie infolge seiner Jugend noch nicht durchlebt hatte[422], wird als Ersatz dafür der Weg Godunovs als der eines machthungrigen, von Verbrechen zu Verbrechen taumelnden Menschen beschrieben. Godunov habe zuerst die Šujskie verdorben, danach Dmitrij Ivanovič, dann Fedor Ivanovič. Auf den Thron wird er durch eigene List gewählt, ruft durch sein Verbrechen den Lžedmitrij auf den Plan, der als Gottesgericht Godunov verdirbt. Lžedmitrij wird durch den rechtmäßigen Caren Vasilij Šujskij gerichtet, d.h. im žitie wird die Legitimität Šujskijs an der negativen Rolle Godunovs und der teils positiven, teils negativen Rolle Lžedmitrijs in Szene gesetzt. Šujskij ist der Stellvertreter und Rächer Dmitrij Ivanovičs. Gott als Mittler zwischen Šujskij und Dmitrij Ivanovič ermöglicht es ersterem, die Reliquien des Carevič nach Moskau zu überführen.

Mit der Überführung der Gebeine Dmitrijs ist der Beweis für die Lüge Lžedmitrijs erbracht.[423]

---

[420] "Skazanija Massy i Gerkmana", S. 212, zit. in Latkin, S. 105.
[421] vgl. Platonov, Boris Godunov, S.186-187.
[422] Abfassung des žitie wahrscheinlich im Troice-Sergiev-Kloster
[423] AAE II, Nr.48; SGGD II, Nr.147

Als dem žitie Dmitrijs widersprechendes, seine „gerechte Herrschaft" aber ergänzendes Argument, lässt Šujskij die Gebeine der Godunovy, die doch schließlich Caren waren, in das Troickij monastyr' überführen. Godunovs Tochter Ksenija (als Nonne Olga) darf der Sitte gemäß den Trauerzug mit Wehklagen begleiten.[424]

Dem Ausland gegenüber versucht Šujskij, gleich dem Vorgehen Godunovs gegen Lžedmitrij, den Sturz dessen zu rechtfertigen. In einem Schreiben an den dänischen König[425] berichtet er, dass die Moskauer alle verreist waren, als Lžedmitrij nach Moskau gekommen sei. Die Moskauer hätten diesen erst stürzen können, als alle zusammen waren und ihn einstimmig als Verbrecher bezeichnet hätten. Aufgrund der Quellenlage ist das Verhältnis fremder Mächte zu Šujskij und seinen Anspruch auf die Herrschaft nicht genau zu bestimmen..

Leitsch[426] führt eine Gratulation Kaiser Rudolphs aus Prag an, die zur Thronbesteigung als reine Höflichkeitsbezeugung zu sehen ist. Šujskij bemängelt in seinem Antwortschreiben Unzulänglichkeiten in seinem Titel und bittet um Berichtigung.

Als letzten und äußerst wichtigen Mosaikstein in seiner Legitimierung benötigt Šujskij die Anerkennung durch die Mutter Dmitrij Ivanovičs, die ja Lžedmitrij als ihren Sohn wiedererkannt hatte. So wie Lžedmitrij die Nonne Marfa genötigt hatte, ihn als Sohn „wiederzuerkennen", so nötigt Šujskij sie jetzt, die Anerkennung Lžedmitrijs als schuldhaftes Vergehen vor der heiligen Synode und den Bojaren zuzugeben und gleichzeitig Verzeihung zu erbitten. Car' Šujskij

---

[424] Solov'ev, a.a.O., S.178; ebenso Fleischhacker, Zwei Dynastien, S.139.

[425] RIB XVI, 409

[426] Leitsch, a.a.O., S.44, Anm. 15 und 17.

erfleht als Gegenleistung die geistliche Absolution und erteilt ihr selbst seine Vergebung.[427]

In einer gramota an die Voevoden der sibirischen Städte[428] begründet Marfa, warum sie die Falschheit Lžedmitrijs verschwiegen habe: Erst Gott habe allen die Augen über den Dieb und Häretiker geöffnet („[...] *i Bog miloserdyj vsem ljudem ego* [Lžedmitrij] *vorovstvo i eretičestvo ob'javil"*), sie habe auch im Geheimen den Bojaren erklärt, dass Lžedmitrij nicht ihr Sohn sei („[...] *a az' bojarom i dvorjanom i vsem ljudem o to ob'javila prež sego tajno, a nyne vsem javno, čto on ne naše syn' Carevič Dmitrij* [...]"). Gleichzeitig erhärtet sie nochmals die Legende von der Schuld Godunovs am Tod Dmitrijs, der diesen persönlich erschlagen habe:„*Dmitrij ubit na Ugliče peredo mnoju* [...] *ot Borisa Godunova"*. Nach seiner Anerkennung als Sohn in Moskau habe Lžedmitrij Marfa ins Kloster gezwungen und von der Umwelt abgeschlossen, damit sie vom Tod des echten Dmitrij nicht berichten könne. Außerdem habe sie aus Angst vor der Todesstrafe nicht gewagt, die Wahrheit zu sagen.

In einer gramota an die Stadt El'ca[429] erklärt Marfa nochmals ihre Schuld und die Rechtmäßigkeit der Herrschaft Šujskijs.

6.6 Legitimierung und Eid

Wie schon bei den Godunovs und Lžedmitrij ist auch bei Šujskij der Kreis derjenigen, denen der Eid geleistet werden soll oder wird, weiter gezogen, als nur auf die Person des Herrschers.

---

[427] SGGD II, Nr.149, S.316.; Nr.147, S.312.

[428] a.a.O., Nr. 146, S.306.

[429] Kločkov, IX, S.32.

Šujskij versucht damit, die schon unter den Daniloviči begonnene und gefestigte Vorherrschaft der Primogenitur vor dem Senioratsprinzip, d.h. die Herrschaft für die eigene Familie vor dem Anspruch der unter Umständen in der Rangfolge der Rjurikiden höher stehenden Fürsten, zu sichern. Der Eid[430] ist auf Šujskij, seine Frau und Kinder zu leisten und die den Eid Leistenden haben „zu dienen [...] im Glauben und in Wahrhaftigkeit ohne jegliche Hinterlist nach diesem Eid auf den Herrscher bis zum Tod (*služiti* [...] *veroju i pravdoju bezu vsjakie chitrosti, do svoej smerti po semu Gosudarstvu celovanju* [...]"[431]).

Der Kreis derjenigen, die den Eid leisten sollen, ist den offiziellen Dokumenten zufolge so groß wie möglich gehalten: neben Bojaren, Hofämtern auch gosti, torgovye ljudi und letztendlich „alle Leute des Moskauer Reichs (*vsjakie ljudi Moskovskogo Gosudarstva*"[432]).

Für seine Herrschaft versucht Šujskij auch ehemalige Gegner einzubinden und eine „neue Reinheit"[433] zu schaffen, indem er den erblindeten Iov allen die Schuld, Eide gebrochen zu haben, verzeihen lässt und sie von alten Schwüren entbindet.

6.7 Absetzung Šujskijs

Am 17. Juli 1610 wird Šujskij unter Ausnutzung eines provozierten Massenaufruhrs in Moskau durch zwei Parteien gestürzt.[434] Nach Platonov wurde die eine Partei von Vasilij Vasilevič Golicyn und Prokopij Ljapunov geführt, die andere von Filaret Romanov und Saltykov.

---

[430] SGGD II, Nr.143, S.301.
[431] SGGD II, Nr.144, S.302.
[432] a.a.O., Nr.142, S.300.
[433] Fleischhacker, Zwei Dynastien, S.120-121.
[434] Platonov, Smutnoe vremja, S.112; ebenso Latkin, S.105 ff.

Šujskij wird abgesetzt, geschoren und ins Čudovyj monastyr' gesetzt.

Es ist sicher, dass es wieder die Bojaren waren, die die geschwächte machtpolitische Stellung Šujskijs und den „Volkswillen" ausnutzten um den, den sie 1606 erhoben hatten, auf die gleiche Weise wieder abzusetzen.

Ključevskij[435] nimmt an, dass die Regierung Šujskijs, die nur mit den Bojaren regierte, als zu schwach angesehen wurde und die Feststellung der Anführer auf dem Roten Platz richtig sei, dass der Car „ohne die großen Bojaren und ohne Volksversammlung (*bol'šich bojar i vsenarodnogo sobranija*) nicht regieren könne.

Šujskij konnte sich zwar auf einen Teil der Bojarenschaft stützen, ein Teil der Bojaren befand sich jedoch auf Seiten Lžedmitrijs II, des vor von Tušino, so dass die Aussage, dass Šujskij ohne die großen Bojaren nicht regieren könne, einen Sinn ergibt.

Die Ereignisse nach der Absetzung Šujskijs beweisen, dass der Gedanke der Absetzung aus den Reihen der wiederum den „Volkswillen" ins Feld führenden Bojaren, kam. Die Bojaren berichten über das Ereignis der Absetzung, dass „am 17. Juli der Herrscher, Car' und Großfürst Vasilij Ivanovič von ganz Russland auf die Bitte aller Leute die Herrschaft abgab (*„I ljulja v 17 den' Gosudar', Car' i Velikij Knjaz' Vasilej Ivanovič vsea Rusi, po čelobit'ju vsech ljudej, gosudarstvo otstavil […]*)[436], d.h. Šujskij konnte sich dem Volkswillen nicht widersetzen.

Aus den offiziellen Dokumenten ist nicht ersichtlich, wer von den Bojaren bei der Absetzung zugegen war. Den fehlenden Sobor versucht man durch Auflistung aller Volksschichten, auch solcher, die bisher nicht in diesen Zusammenhängen genannt wurden, zu ersetzen : „*dvorjane, deti bojarskie vsech*

---

[435] Ključevskij, Bojarskaja duma, S.363.
[436] AAE II, Nr.162, S.277.

gorodov, i gosti, i torgovye i vsjakie ljudi, i strel'cy, i kazaki, i posadskie i vsech činov ljudej vsego Moskovskogo Gosudarstva". Um den „Volkswillen" deutlich zu machen, lässt der Verfasser alle oben Angeführten „miteinander reden (*„govorja mež sebja"*[437]).

Die Redaktion der oben zitierten gramota an die sibirischen Städte ist sich bewusst, dass die Absetzung nicht voll legitimiert ist. Man ist sich bewusst, dass die Legitimierung zur Absetzung nur von einem Zemskij Sobor kommen konnte. Zum ersten Mal wird hier bei der Absetzung eines Herrschers der Zemskij Sobor als notwendige Stufe zur Veränderung der Herrschaft genannt, weil man „sich nicht mit den Städten und allen Leuten aus dem ganzen Land in Verbindung setzte (*ne soslavsja s gorody i vsjakimi ljud'mi vseju zemleju)"*[438].

Der Versuch, einen Sobor durch Verschicken von Aufforderungen, gewählte Vertreter aller Schichten zur Wahl eines neuen Herrschers nach Moskau zu schicken, zustandezubringen, scheitert, da niemand in Moskau eintrifft. Deshalb werden die Städte aufgefordert, der neu gebildeten Regierung der Bojaren unter Fedor I. Mstislavskij den Eid zu leisten.[439]

Der einzige, der offen die Legitimität des abgesetzten Caren verteidigt, ist der von Šujskij zu seinem Patriarchen gemachte Hergomen. In der Argumentation dessen gegen die Absetzung ist sicher auch das Gefühl der Verpflichtung seinem Caren gegenüber in Rechnung zu stellen. Nach Hergomen sei Šujskij von Gott und allen russischen Mächtigen (*„vsemi Russkimi vlast'mi"*) und allen Leuten aller Ränge aus allen Städten, die ihm auch den Eid geleistet hätten, gewählt worden. Zur Wahl und Einsetzung Šujskijs seien viele zugegen gewesen: *„[...] na ego carskom izbranii i postavlenii byli v to pory ljudi*

---

[437] SGGD II, Nr.197, S.388.
[438] SGGD II, Nr.197, S.388.
[439] a.a.O., Nr.198, S.390.

mnogie"[440]. Bei diesem Versuch, Šujskijs Herrschaft zu legitimieren, versteigt sich Hergomen direkt zur Annahme einer Wahl bei dessen Machtantritt, die nur durch Bojaren stattgefunden hatte.

Die Argumentationsweise der offiziellen Dokumente zur Legitimierung der Herrschaft Šujskijs zeigen deutlich eine Schwäche auf, indem der Widerspruch zwischen dem Beharren auf der Legitimation durch Erbe und als Angehörigem der alten Dynastie und dem sichtlichen Verlangen, eine Wahl ähnlich der Godunovs zu konstruieren, nicht aufgelöst wird.

Hierzu gehört auch der Versuch Šujskijs, durch Voranstellen seiner Familie vor die der Daniloviči, seine Legitimierung durch Erbe zu stärken. Die Versuche Hergomens, durch Beharren auf der Verbindlichkeit von Eiden, der Verpflichtung dem „gewählten" Caren gegenüber und die einfache Feststellung der Absetzung durch die Bojaren in ihren Äußerungen Šujskijs Cartum zu legitimieren, verdeutlichen die stattgefundene Schwächung einer alten Legitimationsweise und die Verschiebung zu einer Legitimierung hin, die stark das Element der Willensbildung verschiedener Bevölkerungsschichten einbeziehen muss.

Die Carenwürde wird von den Bojaren wie von deren Gegnern in den Dienst eines Programms gestellt und ihres ursprünglichen, alle Schichten verbindenden Charakters beraubt. „Es ging nicht mehr um die legitimen Ansprüche eines Prätendenten, sondern um die staatliche Ordnung selbst."[441] Der Gehalt der alten Carenwürde reichte zur Herrschaft nicht mehr aus.

---

[440] AAE II, Nr.170, S.290.
[441] Leitsch, a.a.O., S.47.

7 Michail Romanov

7.1 Das 2. opol'čenie[442] als Basis des Zemskij Sobors 1613

Die von Nižnyj-Novgorod ausgehende Bewegung der Befreiung des russischen Landes von der Unordnung stand von Anfang an unter der Führung Požarskijs[443], der in Nižnyj-Novgorod mit der militärischen Führung beauftragt wurde, und Minins[444], dessen organisatorische Fähigkeit für den Sieg der Bewegung ausschlaggebend war.[445]

Von Jaroslavl aus, dem Sammelpunkt der Bewegung, geht auch die erste Aufforderung an die Städte, sich zur Wahl eines neuen Herrschers und zum Kampf gegen die Feinde zu sammeln.[446]

Zunächst gelang es, im August 1612 das polnische Heer unter Hetman Jan Karol Chodkiewicz[447] zu schlagen, im Oktober mit Hilfe der Moskauer Bevölkerung die polnische Garnison aus Moskau zu vertreiben und damit die Okkupation des russischen Landes durch Polen-Litauen zu beenden.

Das wichtigste Element des 2. opol'čenie war die steuertragende Bevölkerung.

Platonov ist der Meinung, dass „die in der opol'čenie 1611-1612 zusammenfließende Regierungsmacht durch Anstrengungen der mittleren Schichten der Moskauer

---

[442] Aufgebot der wehrfähigen Landbevölkerung zu einem Feldzug

[443] Fürst Dmitrij Michailovič Požarskij (1578-1642):1602 stol'nik am Hof Boris Godunovs, 1610 Voevode in Sarajsk

[444] Kuz'ma Minin (Kaufmann + 1616)

[445] vgl. Ljubomirov, K.: Očerk istori Nižegorodskago opol'čenija 1611-1613 gg, in: ŽMNPr. 1914, 3-4, S.25-26.; weiter Očerk

[446] SGGDII, S.281

[447] (1560-1621)

Bevölkerung geschaffen wurde" und dass es „ihr verblieb [...], mit der Wahl des Caren [dem Land] eine gerechte, rechtmäßige Ordnung zurückzugeben"[448].

Die Zusammensetzung des opol'čenie in Jaroslavl verhindert seine Bestimmung als Sobor. Von der Geistlichkeit war nur der Metropolit Kirill zugegen, von den Bojaren vier Vertreter, die Dumarang besaßen.[449] Die Zahl der in Jaroslavl anwesenden Truppen betrug nach Ljubomirov[450] ca. 10.000 Mann, von denen ca. 3.000 Kosaken waren.

Die in Jaroslavl entstandenen gramoty sind von „Požarskij und Freunden (*Požarskij s tovarišči*) [...] auf Befehl, als Verfügung, auf den Rat, auf Absprache oder als unsere [Požarskij] Verfügung und nach Absprache des ganzen Landes („*po ukazu vsej zemli*"[451], „*po sovetu vsej zemli*"[452], „*po prigovoru vsej zemli*"[453], „*po našemu ukazu i po prigovoru vsej zemli*"[454] unterzeichnet.

Die Chroniken formulieren bei der Behandlung des opol'čenie vom „ganzen Heer (*vseju rat'ju*)" oder „von allen Soldaten (*vsemi ratnymi ljudmi*)"[455].

In einer Botschaft an Schweden werden „das Volk des Moskauer Reichs, der Metropolit Kirill, die Anführer und alle Soldaten („*Moskovskago* [...] *gosudarstva narod, Mitropolit Kirill i načal'niki i vse ratnye ljudi*"[456])erwähnt.

---

[448] Platonov, S. F.: Moskovskoe pravitel'stvo pri pervych Romanovych. In: Sočinenija Bd.1, 1906, S.343; ders. Očerki, S.509 ff.

[449] Ljubomirov, Očerk istorii Nižegorodskago opol'čenija 1611-1613 gg, in: ŽMNPr. 1914, 3-4, S.30 Anm.4.

[450] a.a.O., 3-4, S.1-62; 9/10, S.91-94.

[451] AI 2,Nr.337, S.402.

[452] AAE II, Nr.204, S.258.

[453] a.a.O., Nr.205, S.260.

[454] AI 2, Nr.336, S.402.

[455] PSRL XIV, 148/149; PSRL VIII, 181

[456] PSRL VLII, 184

All diese Formulierungen und eine gramota, die im Namen „aller Ränge der Leute aller Städte (*vsech činov ljudej vsech gorodov*)"[457] abgefasst ist, lassen Platonov[458] schließen, dass in Jaroslavl schon ein Zemskij Sobor versammelt war. Diese These versucht er durch eine Analyse der Zusammensetzung der Versammelten zu erhärten, die aber nicht beweiskräftig ist. Eher ist der Analyse Ljubomirovs[459] zuzustimmen, dass der „Jaroslavskij sovet" sich zwar mit größerem Recht als alle anderen Versammlungen der Zeit der smuta als einer „des ganzen Landes (*vseju zemlju*)" bezeichnen konnte, trotzdem aber keine Regierung des ganzen Landes mit gewählten Vertretern war.

Obwohl sich Požarskij nach seinem Einzug in Jaroslavl mit der Bitte an die Bevölkerung wandte, „von allen Rängen jeweils zwei Personen nach Jaroslavl zu schicken (*požalovati prislati v Jaroslavl izo vsjakich činov ljudej čeloveka po dva*)" und sich im Juni an die Städte des Südens, wo die Autorität des opol'čenie von April ab gegeben war, mit der Bitte wandte, „für eine allgemeine Landesversammlung aus allen Rängen zwei oder drei Personen (*dlja obščao zemskago soveta izo vsjakich činov čeloveka po dva i po tri*)"[460] zu schicken, konnten Vertreter aller Schichten in Jaroslavl nicht versammelt werden.

Die Frage nach der Wahl eines Herrschers (vgl.oben) war den Führern des opol'čenie schon in Nižnyj-Novgorod bewusst, kam aber erst zum Tragen, als die sich als schwierig zu lösende Aufgabe der Vereinigung der Kosaken unter Trubeckoj[461] mit dem opol'čenie vor Moskau gelang, und die Vorbereitung der Wahl durch Verschicken von gramoty

---

[457] DAI I,Nr.164.
[458] Platonov, K istorii, S.7.
[459] Ljubomirov, a.a.O.,S.38.
[460] AAE II, Nr.203; SGGD II, Nr.281; vgl. Platonov, Očerki, S.552.
[461] Trubeckoj, Dmitrij T. (+ 1625)

begonnen wurde, so z.B. Trubeckoj und Požarskij an Beloozero vom 19. November 1612 mit der Bitte um Auswahl der Gesandten zur Carenwahl, unter denen „Igumen, Protopopen, posadskie und uezdnye ljudi" aus den „dvorcovych sel" und „černych volostej" sein sollten.[462]

7.2 Der Wahlsobor 1613

7.2.1 Zahl und Zusammensetzung

Nch der Eroberung Moskaus durch das 2. opol'čenie ging die Landesregierung unter Požarskij und Trubeckoj daran, einen Zemskij Sobor einzuberufen, der der Zahl und Zusammensetzung nach eine wirkliche Vertretung des Landes darstellen sollte.

Von Anfang an handelt der Zemskij Sobor mit dem Element von gewählten Vertretern.

Die Aufforderung Požarskijs an die Städte, je 10 Leute zum Sobor zu senden, wurde, vergleicht man die Unterschriftenliste der utverždennaja gramota, annähernd Genüge getan; wie hoch die Anzahl der Teilnehmer war, ist nicht ersichtlich [463]: Beispielsweise waren auf dem Sobor 20 Leute aus Nižnyj-Novgorod anwesend, Unterschriften aus Balachna, Galič, Kostroma, Perejaslavl-Zalesski und Suzdal' fehlen jedoch in der Liste des Wahlsobors bis zum 07. Februar, obwohl es unwahrscheinlich ist, dass diese Städte, die Anteil an dem opol'čenie hatten, nicht vertreten gewesen

---

[462] Veselovskij, S. V.: Akty podmoskovnych opol'čenij i zemskago sobora 1611-1613, Moskau 1911; ebenso Stratonov, I. A.: Zametki po istorii zemskich soborov Moskovskoj Rusi, Kazan' 1905, S.87-88 und 90.
[463] DAI 1, Nr.166, S.294.

sein sollten.[464] Zu den erwähnten 47 Städten sind also noch viele nicht erwähnte hinzuzufügen. Ljubomirov[465] vermutet ein gesteigertes Interesse der Bevölkerung am Sobor, sodass seiner Meinung nach auch eine große Zahl von Vertretern der verschiedenen Bevölkerungsschichten gesandt wurde, und kommt auf eine Zahl von mehr als 600 Teilnehmern[466]. Platonov[467] schätzt die Zahl der Teilnehmer auf mindestens ca. 500 aus den, nach ihm 50 vertretenen Städten, mit der Geistlichkeit und den Moskauern auf ca. 700 Teilnehmer.

Die Zusammensetzung des Sobors nach den verschiedenen sozialen Gruppen zeigt nach Ljubomirov einen repräsentativen Querschnitt durch die Bevölkerung.
Neben den auf früheren Versammlungen erschienenen Gruppen wie hoher und mittlerer Adel, Beamte usw sind nach Meinung Ključevskijs und Stratonovs[468] auf dem Sobor auch private Bauern anwesend. Platonov[469] vermutet, dass die von Ključevskij und Stratonov angeführten Bauern eventuell Vertreter der bäuerlichen Vereinigungen aus den nördlichen Gebieten mit Selbstverwaltung gewesen sind, eher aber niedere, zum Dienst in die Stadt eingeschriebene Schichten waren (uezdnye ljudi). Auch aus Städten, die bisher noch auf keinem Sobor vertreten waren, erschienen Vertreter.
Im Ergebnis kann festgestellt werden, dass der Sobor von 1613 relativ vollständig gewesen sein muss. Der neue, aus dem Wahlgang hervorgehende Herrscher, sollte die smuta nicht einen neuen Anfang nehmen, konnte seine Herrschaft

---

[464] Ljubomirov, 9/10, S.30.
[465] a.a.O., S.29.
[466] a.a.O., S.32
[467] Platonov, Zemskie sobory, S.12.
[468] Ključevskij, Kurs III, S.246.; Stratonov, Zametki, S.93-94.
[469] Platonov, K istorii, S.317.

auf einer sicheren Basis aufbauen, zumal es der erste Sobor in der Moskauer Geschichte ist, der sich aus gewählten Vertretern zusammensetzte.

7.2.2 Kandidaturen, Gruppierungen, Michail Romanov als gewählter Herrscher

Die im Beschluss des Sobors behauptete Einstimmigkeit der Wahl Michail Romanovs kann nicht darüber hinwegtäuschen, dass es vor dem Beschluss, Michail zu wählen, auf dem Sobor zu Auseinandersetzungen um verschiedene Kandidaten gekommen sein muss: „Über die Wahl des Herrschers dachte man lange Zeit nach (*o Gosudarskom obiranii myslili mnogoe vremja*)"[470] und „darüber, wen Gott zum Caren segnet, gab es viele Versammlungen (*o tom, komu blagovolit Bog* [...] *Gosudarem* [...] *mnogie sobory byli*)"[471] berichtet eine Quelle.

Es ist bekannt, dass der polnische Kandidat Wladyslaw in Moskau wahrscheinlich unter der Mstislavskij-Gruppe noch immer Anhänger besaß. Der vorausgegangenen Ereignisse aber wegen (vgl. unten), konnten seine Parteigänger nicht offen für ihn eintreten. So stößt Wladyslaw auf einmütige Ablehung des Sobors und die Mstislavskij-Gruppe wurde vor dem Wahlgang aus Moskau entfernt, da sie sich zuerst durch Zusammenarbeit mit den Polen, danach durch ihre bloße Anwesenheit in Moskau kompromittiert hatten. Diese Gruppe konnte also keinen Einfluss mehr auf die Wahl nehmen.[472]

---

[470] Platonov, K istorii, S.317.
[471] Dvorcovye razrjady, Bd. I (1612-1628), SPb 1850,S.20.; S.48-49.; weiter Dv.razr.
[472] Leitsch, S.78.; Platonov, Smutnoe vremja, S.147.; Ljubomirov, 9/10, S.70

Die Kandidatur des schwedischen Prinzen Karl Philip[473] war
sicher eine schwerer zu entscheidende Frage, da diese
Kandidatur anfangs mit Požarskij[474] einen Befürworter hatte,
der als Befreier Moskaus unter der Bevölkerung hohes
Ansehen besaß.

Die Geschichte der Kandidatur des schwedischen Prinzen
beginnt mit der Befürwortung der Kandidatur durch Ljapunov,
an dessen Entschluss das 2. Opol'čenie, nicht ohne Streit,
festhielt, indem die Führer nach Novgorod an den
schwedischen Statthalter schreiben: „Wir halten auch jetzt an
unserem Abkommen fest (*My i nyne togo svoego prigovoru
deržimsja*)"[475]

Die Gründe der Kandidatur des schwedischen Prinzen waren
strategischer Natur: Die im Norden des Landes stehenden
schwedischen Streitkräfte sollten als Feind ausgeschaltet und
als Verbündete gegen Polen gewonnen werden. Die
Verhandlungen des 2. Opol'čenie mit den Schweden in
Novgorod und den Novgorodern verzögerten sich und
zeitigten keine Erfolge, weil Schweden die Ankunft Karl Philips
in Novgorod hinauszögerte und Požarskij sich letzlich
weigerte, eine Gesandtschaft nach Schweden zu schicken.[476]

Die Ablehnung der ausländischen Kandidaturen fanden ihren
Niederschlag in der Formulierung, dass man „ vom litauischen
und schwedischen König und ihren Kindern [niemanden]
wegen ihrer vielen Unwahrheiten und Leute aus einigen
anderen Ländern nicht für das Moskauer Reich wählen solle
(*a Litovskogo i Svijskogo korolja i ich detej, za ich mnogie*

---

[473] Karl Philip aus dem Hause Wasa (1601- 1622)
[474] Leitsch, a.a.O.
[475] DAI 1, Nr.164
[476] AAE II, Nr.210, I, II, III; SGGD I, Nr.278-280

nepravdy, i inych nekotorych zemel' ljudej na Moskovskoe Gosudarstvo ne obirst [...])"[477]
Die Idee, einen „der Careviči, die im Moskauer Reich dienen, [...] wegen ihres hohen Ansehens (*carevičach, kotorye služat v Moskovskom Gosudarstve [...] radi ich velikija česti*)" zu wählen, fand ebenfalls auf dem Sobor keine Freunde.

Die Kandidatur des Sohnes der Marina Mniszek, der Ehefrau des Lžedmitrij (1588 –1614), hatte zwar einen starken Rückhalt bei den in großer Zahl in Moskau anwesenden Kosaken[478], kam aber aus moralischen Gründen nicht in Frage.[479]

Mögliche Kandidaten aus alten Moskauer bojarischen Geschlechtern wie Mstislavskij, Vorotynskij, Šujskij, Golicyn und die Kandidatur des Heerführers Požarskij hatten sicher einige Befürworter, konnten aber nicht genug Stimmen auf sich vereinigen oder hatten sich während der smuta kompromittiert.

Wie es letztlich zur Kandidatur Michail Romanovs kam und ob es sich so verhält, wie der Chronograph des Fürsten Obolenskij berichtet[480], dass ein Bojar aus Galič diesen Namen wegen der Verwandschaft der Romanovs mit den Daniloviči ins Gespräch brachte, ist nicht festzustellen. Michail Romanov scheint eine Lösung gewesen zu sein, die einen Kompromiss zwischen Kosaken und zemstvo darstellt. Persönliche Qualitäten des 16-jährigen konnten dabei keine Rolle gespielt haben.

---

[477] vgl. Ljubomirov, 9/10, S.41 ff; Fleischhacker, Zwei Dynastien, S.199.

[478] Über die Rolle der Kosaken und des čern' auf dem Sobor vgl. Platonov, Moskovskoe pravitel'stvo, S.346 ff; Ljubomirov, 9/10, S.60-64.

[479] Dv. Razr., S.13. „und Marina mit Sohn wollte man nicht (*i Marinki s synom ne chotet'*)"

[480] Stratonov, S.96.

Die Lösung Michail Romanov befriedigte die Kosaken, die Michail als Sohn des Tušiner Patriarchen akzeptierten, und das zemstvo, in dem die mittleren Schichten der Bevölkerung dominierten und das eher einen nichtfürstlichen Kandidaten wünschte, als einen aus altem fürstlichen Geschlecht. Der Beschluss, Michail Romanov zu wählen, wurde am 7. Februar 1613 gefällt, die endgültige Wahl jedoch auf den 21. Februar verschoben, da vorher noch die Meinung der Städte, auch der sibirischen[481], die wahrscheinlich nicht auf dem Sobor vertreten waren, eingeholt werden musste. Das Abwarten ist als Zeichen der Überlegtheit zu sehen, mit der der Sobor vorging, um dem neuen Herrscher eine solide Basis zu schaffen. Als Resultat dieser Befragung brachten die „geheimen Boten" als Botschaft mit sich, dass „in allen Städten und Kreisen bei allen Leuten, von klein bis groß, der Gedanke war, dass im Moskauer Reich als Herrscher und Car' Michail Fedorovič sein soll"[482]. Sowohl die Zustimmung, die die Boten brachten, als auch die zu diesem Zeitpunkt benötigte Zustimmung Mstislavskijs und Genossen („s tovarišči"), der, um der Wahl die gehörige Autorität zu verleihen, eilig („na spech")[483] nach Moskau geholt wurde, ergänzten die „Einstimmigkeit" des Sobors über die Wahl Michails.

---

[481] DAI Nr.166, S.294.

[482] SGGD I, Nr.203, S.613: „i vo vsech gorodech i uezdech vo vsjakich ljudech, ot mala i do velika,tak mysl': što byti na Moskovskom Gosudarstve Gosudarem, Carem Michailu Fedoroviču Romanovnu [...]"

[483] a.a.O.

7.3 Legitimierung durch Wahl

Dem Wahlsobor wurde Michail weder aufgezwungen noch geschah die Wahl, wie der offizielle Beschluss behauptet, „einmütig", wie oben dargelegt wurde. Im Schreiben des Zemskij Sobor an Michail nach Kostroma in das Ipatskij monastyr' mit der Bitte um Annahme der Wahl[484] liegt das Hauptargument, mit dem man Michail umstimmen will, auf der Wahl selbst, die ihn berechtige, Herrscher zu sein.

Im Schreiben wird als erstes das Zustandekommen des Sobors durch Aufforderung an alle Städte, die besten und verständigsten Leute (*luščich i razumnych ljudej*) für den Zemskij Sobor zu schicken, erwähnt. Die Zusammenkunft aller Leute (*„vsjakie služilie i posadskie i uezdnye ljudi"*) und der „orthodoxe, wahrhafte christliche Glaube nach griechischem Gesetz (*pravoslavnyj istinnyj krest'janskoj very Grečeskago zakona)"* machten die , einmütig (*ot mala i do velika i do suščich mladenca)* auf Michail fallende Wahl möglich.

In einer zweiten gramota des Sobors an Michail und seine Mutter[485] werden Michail noch einmal der Wahlvorgang und die Legitimierung desselben durch seine Vollständigkeit vor Augen geführt. Es werden alle beteiligten Bevölkerungsschichten (*„izo vsjakich činov ljudej"*), unter denen sogar arme Leute (*„černye ljudi"*) sind, aufgezählt und nochmals auf die Einmütigleit der Wahl (*po izbraniju vsech ljudej*) hingewiesen.

In der gramota des Sobors an die Städte mit der Benachrichtigung von der Wahl und dem Beschluss des Sobors am 7. Februar[486] wird über die Dauer mit „viel Zeit

---

[484] SGGD III, Nr.1, S.1 ff.

[485] SGGD III, Nr.2; Nr.3, S.5-11.

[486] a.a.O., Nr.4, S.11-13.

dachten wir nach (*mnogoe vremja myslili*)" und über „eine große Zahl von Beratungen (*mnogie sobory u nas byli*)" berichtet.

Beim Versuch, Michail Romanov zur Annahmne der Wahl zu bewegen, legt der Sobor das Schwergewicht seiner Argumente auf die Wahl durch das ganze Volk, d.h. der Sobor legitimiert von sich aus, noch bevor der Gewählte zustimmt, dessen Herrschaft.

In dem vom Sobor mehr für die Öffentlichkeit bestimmten Dolument, der Wahlzapis'[487], tritt das Wahlmoment innerhalb der Legitimierung Michails mehr in den Hintergrund, wogegen andere Momente der Legitimation stärker hervortreten.

Michail selbst übernimmt das Argument der Wahl für die Legitimierung seiner Herrschaft in einer gramota, in der er seine Einwilligung zur Wahl gibt, da sie „durch Eure Wahl und Bitte und die aller Ränge des gesamten Moskauer Reiches (*po izbraniju i po prošeniju vas vsego Moskovskago Gosudarstva vsech činov)*" erfolgte.[488]

Die Legitimierung Michails durch den Wahlsobor und dessen bis zur Annahme der Wahl durch Michail immer größer werdende Zahl von Bittschriften nach Kostroma[489] sind für Michails „Legitimationsgefühl" sicher sehr förderlich. Ob die Legitimierung durch Wahl jedoch, wie Fleischhacker feststellt[490], den wesentlichsten Zug des neuen Cartums, dessen Bestand allein durch den „geläuterten Willen des Volkes" gesichert sei, darstellt, ist fraglich, denn in der offiziellen Legitimierung durch Sobor und Michail selbst werden andere Argumente ebenso wichtig.

---

[487] a.a.O. I, Nr.203, S.598 ff.
[488] SGGD III, Nr.11; Nr.12
[489] vgl. Latkin, a.a.O., S.138 mit Quellen
[490] Fleischhacker, Zwei Dynastien, S.103.

7.4 Legitimierung durch Verwandtschaft

Die Legitimierung durch das Volk im Zemskij Sobor hatte Michail durch einen freiwilligen Akt desselben erhalten. Deshalb konnte er die so erhaltene Legitimierung, die ihn weit über die Legitimierung der Herrschaft Šujskijs erhob, auch voll beanspruchen.

Im Bewusstsein des Besitzes dieser Legitimation tritt bei Michail und auch beim Sobor der Wunsch nach der alten Legitimierung, der starina, verstärkt auf. An dieser Stelle greifen die offziellen Dokumente die Legitimierungsweise Godunovs wieder auf: die Legitimierung durch Schwägerschaft und Verwandtschaft mit der alten Dynastie. Bei Durchsicht der Quellen entsteht der Eindruck, als habe sich ein Kreis von Godunov zu Michail geschlossen, der, das sei vorweggenommen, sich in frappierend ähnlicher Weise legitimiert, nur in umgekehrter Reihenfolge der Argumente für die Legitimität der Herrschaft: bei Godunov erst durch Verwandtschaft, dann durch Wahl, bei Michail umgekehrt.

Schon in den Bitten des Sobors, die Wahl anzunehmen[491], und in der gramota des Sobors an die Städte[492] wird die Verwandtschaft der Romanovs mit den Daniloviči hervorgehoben.[493] Die Verwandtschaft wird in SGGD, III, Nr.1, S.3 erläutert: Michail ist Sohn des Fedor Nikitič Romanov-Jur'ev (Filaret), des Neffen der Ehefrau des Caren Ivan Vasil'evič (Ivan IV.), der Carin Anastasia Romanov-Jur'eva, und Cousin des Caren Fedor Ivanovič.[494]

---

[491] SGGD III, Nr.1; Nr. 2 und 3

[492] a.a.O.; Nr.4

[493] Michail war durch die Heirat Anastasias Romanov mit Ivan IV. in eine entfernte Vetternschaft mit Car Fedor Ivanovič gekommen.

[494] „[...] carja [...] Ivana Vasil'eviča [...] suprugu caricu Anastasii Romanovny Jur'eva rodnago plemjannika Feodora Nikitiča

In SGGD, III, Nr.2 wird seine Neffenschaft gepriesen; in SGGD, III, Nr.4, S.13 ist er „vom Stamm Fedor Ivanovičs (*po plemeni Fedora*)". Die Dvorcovye razrjady weisen in Bd.I, S.13 ebenfalls auf die Verwandtschaft Michails mit der alten Dynastie hin. So ist Fleischhackers Feststellung[495], dass kein Versuch mehr unternommen worden sei, die alte Dynastie zu rekonstruieren, und nur „ein Abglanz ihrer Verklärung" auf dem Angesicht des neuen Cartums lag, eine deutliche Unterschätzung der Legitimierungsversuche für Michail durch Verwandschaft mit der alten Dynastie.

Faktisch legitimiert sich zwar das neue Cartum durch den Sobor (wie es letzten Endes auch bei Godunov versucht wurde), da dieser einen repräsentativen Querschnitt durch die Bevölkerung darstellte. Letzten Endes aber war es der Sobor selbst, der die Legitimierung durch Verwandtschaft in den Vordergrund schob und sein eigener Beschluss sich mit der Carfindung begnügte. Der Wahlakt sollte ideologisch nur ein Erkennen des rechtmäßigen Herrschers darstellen, d.h., die Rechtmäßigkeit besteht schon vor der Wahl durch den Sobor.

Deshalb gelangte Michail auch „durch die Gnade und den Willen Gottes und kraft seiner Stammeszugehörigkeit (*po plemjani*) zu den großen Herrschern, den russischen Caren [...]"[496]. Im Beschluss des Sobors[497] wird auf die Erwähnung der Heirat Ivans IV. mit Anastasija Romanov-Jur'eva und auf die Verwandtschaft der Romanovs mit den Daniloviči Wert gelegt.

Die Chroniken betonen, genau wie die oben erwähnten Quellen, die Bestimmung des neuen Herrschers zum Cartum

---

Romanova-Jur'eva syn'; [...] *Carju* [...] *Feodora Ivanoviča* [...] *plemjannik."*
[495] Fleischhacker, Zwei Dynastien, S.202.
[496] Sbornik, 142, S.453 in Fleischhacker, Zwei Dynastien, S.238.
[497] SGGD I, Nr.203, S.238.

durch Verwandtschaft mit dem Caren Fedor Ivanovič[498] und seine Wahl als die eines Herrschers von carischem Geschlecht aufgrund seines Status' als Cousin des Fedor Ivanovič („[...] *izbrali [...] carem ot carska rody, carja Fedora Ivanoviča plemjannika"*)[499].

Die Verwandtschaft mit den Daniloviči konnte natürlich nicht die ursächliche Begründung der Wahl sein, ebensowenig wie sie das Recht auf den Thron vor anderen Rjurikiden geben konnte, zumal die Ehe Anastasijas mit Ivan IV: 65 Jahr zurücklag und der Tod Fedor Ivanovičs 15 Jahre. Trotzdem stellte die Legitimierung durch Verwandtschaft einen wesentlichen Bestandteil des Legitimierungskanons dar.[500]

7.5 Legitimierung durch Segnung und Einsetzung

Um die, wie Fleischhacker bemerkt, „scheinbare Kontinuität"[501] zwischen Daniloviči und Michail Romanov lückenlos herzustellen, muss das Bindeglied zwischen alter und neuer Dynastie, der Vetter Fedor Ivanovičs und Vater Michails, Filaret, in die Legitimierung eingeschlossen werden. Die Gesandtschaft aus Kostroma, die Michail zur Annahme der Wahl bewegen sollte, berichtet[502], dass sich Michail anfänglich weigerte, die Wahl „ohne Segen" seines Vaters anzunehmen: vordergründig, weil er um seinen Vater in der

---

[498] PSRL VIII, S.202: „*Tako blagoslovi Bog i proslavi plemja i srodstvo Carskoe dostochval'nago i svjatago blažennyja pamjati Carja, Gosudarja i Velikago Knjazja Fedora Ivanoviča vseja Rossii plemjannika.*"
[499] PSRL V, S.63.
[500] Markevič, A.: Izbranie na carstvo Michaila Feodoroviča Romanova, in: ŽMNPr. SPb. 1891, S.181
[501] Fleischhacker, SAußenpolitik, S.238.
[502] SGGD III, Nr.11/12

polnischen Gefangenschaft fürchtet, letztlich aber wohl, um die Wichtigkeit des Segens seines Vaters als Mittler zwischen den Dynastien zu verdeutlichen.

Der Ausweg ist, vom Sobor der Gesandtschaft empfohlen, die Segnung durch die Mutter. Damit ist Marfa „die große Herrscherin (*Gosudarynja*)[503], die dem Rang nach zuerst über dem gefangenen Filaret steht, nach dessen Freilassung und ranglicher Angleichung an den Sohn in ihrer Stellung im Ranggefüge zurücktritt. Marfa spielt somit im Aufbau der dynastischen Legitimierung durch Verwandtschaft mit der alten Dynastie eine Ersatzrolle.

Für die Legitimierung der Herrschaft Michails zu diesem Zeitpunkt war es undenkbar, dass der Vater eines Herrschers nicht selbst einen Rang von Bedeutung einnahm. Deshalb nennen die Gesandten, die um die Freilassung des Gefangenen in Polen verhandeln, Filaret schon „Velikij Gospodin"[504]. Filaret konnte, neben seiner Eigenschaft als Vater des neugewählten Caren, in der Legitimierung seines Sohnes auch deshalb ein wichtiger Faktor werden, weil er trotz seiner fraglichen Stellung als Patriarch in Tušino im Fluch Hergomens über die Anhänger des „Tušiner vors (Lžedmitrij)" ausgenommen worden war und seit seiner Gefangennahme als einer der Führer der Gesandtschaft in Smolensk durch die Polen die Glorie des Märtyrers für Russland erhält, ebenso wie sein Vater Nikita Romanov unter Ivan IV. als Gegner der opričnina und Verteidiger der Rechte des Volkes sich einen guten Ruf erworben hatte.

Die Bedeutung der Segnung innerhalb der Legitimierung besitzt bei Michail nicht den gleichen Stellenwert wie bei Godunov, wahrscheinlich aber nur, weil die Nachfolge in die Macht durch Segnung bei Godunov direkter geschehen konnte. Godunov erhält in Anbetracht obiger Argumente

---

[503] a.a.O.; Dv. razr. I, S.52.
[504] Fleischhacker, Außenpolitik, S.238; SGGD III, Nr. 11/12;

durch den Sobor 1613[505] eine neutrale, eher positive Beurteilung, weil er durch Segnung Irinas und Bitten des Patriarchen und aller Ränge Car geworden war, d.h. auf die gleiche Weise wie Michail.

Mit der Wahl Michails wird auf die Einsetzungslegende, die schon Godunov für sich beanspruchte, zurückgegriffen.[506] Nach der Legende hatte Fedor Ivanovič in Voraussicht des Erlöschens seines Hauses Fedor Nikitič Romanov, den Neffen seiner Mutter, zum Nachfolger bestimmt.[507]

Fleischhacker bestimmt den Wert der Legende von 1613 als „Kolorit" der Wahl, das dieser den „gemüthaften Rückhalt"[508] gibt, während die Legende um Godunov zum Wesen der Carenfindung gehörte und das Wahlmoment innerhalb der Legitimierung zerstörte.

Diese Bewertung der Einsetzungslegende unterschätzt ein wenig den Wert der Einsetzung für die Legitimierung. In SGGD. I, Nr. 203 übergibt Fedor Ivanovič vor seinem Tod seine Seele dem Patriarchen, seinem „carischen Bruder" Fedor Nikitič Romanov und danach erst Godunov.

Mit der „Übergabe der Seele" an Romanov noch vor Godunov wird die Einsetzungslegende direkt ein Argument für die l Legitimität Michails.

---

[505] SGGD I, Nr.203

[506] vgl. Fleischhacker, Außenpolitik, S.237; dies. Zwei Dynastien, S.201.

[507] RIB XIII, S.1282.

[508] Fleischhacker, Zwei Dynastien, a.a.O.

7.6 Legitimierung und Eid, Legitimierung durch Gott und Krönung

Die Eidesformel „Ich küsse das heilige lebensspendende Kreuz [...] dem Caren Michail Feodorovič [...] und seiner Carica und Großfürstin und ihren carischen Kindern, die Gott den Herrschern geben mag [...] (*celuju sej svjatyj životvorjašči krest' [...] Carju Michailu Feodoroviču [...] i ego Carice i Velikoj Knjagine i ich carskim detjam, kotorych im Gosudarjam Bog dast' [...]*)"[509] ist wie schon in früheren Fällen auf die gesamte carische Familie ausgeweitet. Jedoch wird 1613 der Eid auf eine Familie geleistet, die noch gar nicht besteht.
Michail legt aber im Gegensatz zu den anderen Caren der smuta auf die Verbindlichkeit des Eides keinen großen Wert mehr, indem er an den Beispielen Godunovs und Šujskijs der Gesandtschaft in Kostroma[510] demonstriert, dass man, obwohl der Eid beiden geleistet wurde, zu deren Feinden überging wie im Falle Godunovs oder den Eid brach wie im Falle Šujskijs, indem man den Herrscher zum Rücktritt zwang.

Die Legitimierung durch Gotteingesetztheit wird gleichfalls zum Faktor beim Herrschaftsantritt: Michail ist „von Gott ausgewählt und ernannt (*Bogom izbrannyj i narečennyj*)"[511], seine Wahl geschah „durch die Gnade des allmächtigen Gottes (*po milosti vsemoguščago Boga*)"[512] und Michail ist der, „den Gott gegeben hat (*kogo Bog dast'*)"[513].
Die Gotteingesetztheit bestätigt Michail selbst bei der Annahme der Wahl, die „nach dem Willen Gottes und seiner

---

[509] SGGD III, Nr. 5, S. 14.
[510] SGGD III, Nr. 19, S. 39.
[511] a.a.O., Nr. 1, S. 3.
[512] a.a.O., Nr. 2/3
[513] a.a.O., Nr. 4, S. 13.

unbefleckten Gottesmutter und aller Heiligen (*po izvoleniju Boga i pro čistoj Ego Bogomateri i vsech svjatych*)"[514] erklärt wird.

Am 11.Mai 1613 wurde Michail mit „seiner carischen Krone (*svoim carskim vencom*)" auf die Bitte des ganzen Landes hin gewählt. Der čin der Krönung[515] enthält alte und neue Ideen, z.b. die Idee der gesetzlichen Nachfolge und die der Wahl. Er folgt laut seiner und der des Patriarchen Rede seinem Onkel Fedor Ivanovič der Abstammung (*po plemeni*) nach und wird von allen Rängen (*vsech činov*) der Leute des ganzen, großen russischen Reiches gewählt.

Die Nachfolge soll, wie die gesamte offizielle Fiktion es erfordert, die nicht unterbrochene Abfolge der Dynastie bestätigen.

Die Bedeutung des Zemskij Sobor ist bei Michail entgegen dem čin Godunovs entschieden erweitert worden:

Der Car' wendet sich nicht nur an den ihn krönenden Metropoliten von Kasan', sondern auch an alle Vertreter der Ränge und über die Wahlen Godunovs, Šujskijs und die Michails selbst wird mit Achtung gesprochen, so dass der Zemskij Sobor als „wohlvereinigte Versammlung (*blagosojuznyj sovet*)" bezeichnet wird.

Im čin Michails ist die größte Veränderung gegenüber den alten činy vorgenommen worden. Einige Caren rechtfertigten in ihren Krönungszeremonien, warum sie nicht mehr die starina in der Nachfolge (Erblichkeit) der Macht haben.[516] Bei Michail jedoch erhält das Moment der Wahl (vgl. oben) ein so großes Eigengewicht, dass es nicht mehr mit der starina verbunden werden kann. Die Wahl ist ein selbständiges, voll ausgespieltes Argument innerhalb der Legitimierung. Die činy,

---

[514] a.a.O., Nr. 11/12, S. 46.

[515] SGGD II, Nr. 16, S. 70-88.

[516] vgl. Šachmatov, a.a.O., S. 272

die sonst offen den herrschenden Ideen des Moskauer Cartums durch und in der Kirche Ausdruck gaben, enthalten in der smuta tendenziöse Elemente, die neue Entwicklungen in der Begründung der Herrschaft nachvollziehen. Bei Michail ist dieser Prozess am weitesten fortgeschritten und hat mit dem Moment der Wahl den čin von der alten, unter Ivan IV. eingeführten und zur Norm gewordenen Form am weitesten entfernt.

7.7 Legitimierung und Ausland

Mit dem Wahlakt vom 21. Februar 1613 wurde gleichzeitig alle oberste Gewalt durch den Zemskij Sobor an Michail übertragen, damit auch die Befugnis über die Außenpolitik, die bisher der Zemskij Sobor geleitet hatte.

Nach der Anerkennung durch Eidleistung im Inneren des Moskauer Reiches wurde die Anerkennung Michails durch das Ausland zum Problem, speziell dadurch, dass die Heere zweier früherer Kandidaten, Wladyslaw uns Karl Philip, noch im Land standen.[517]

Die Anerkennung Michails durch Polen konnte nur erlangt werden, wenn Polen die Kandidatur Wladyslaws als erledigt ansah. Ebenso konnte ein Vertrag mit Polen nur nach der Anerkennung Michails geschlossen werden.

Dem übrigen Ausland gegenüber, außer dem Reich, dessen Anerkennung mit der durch Polen verbunden war, konnte die Anerkennung Michails als alleinigem Vertreter Moskaus leicht durchgedrückt werden oder wurde erst gar nicht zum Problem.

---

[517] vgl. Leitsch, a.a.O., S. 139 ff.; Fleischhacker, Außenpolitik, S. 124 ff.

Die Anerkennung Michails durch das Ausland war im Grunde genommen 1615 mit dem Schreiben Ludwigs XIII., der den Car „Empereur des Russes"[518] anredete, abgeschlossen. In den Botschaften zur Thronbesteigung an das Ausland wurde von den jeweiligen Adressaten um Gegengesandtschaften gebeten, um, so die Vermutung, mit dem Aufmarsch der Gegengesandtschaften Sigismund gefügig zu machen oder um die noch junge Dynastie Romanov in den Augen der Moskauer mit diesem Glanz zu festigen, wie es auch Godunov getan hatte.

Die Verhandlungen mit Polen flossen trotz der Kompromissbereitschaft Moskaus zäh dahin. Sigismund lehnte eine Anerkennung Michails mit dem Hinweis auf die Wahl Wladyslaws durch die Moskauer ab. Nach dem Wahlvertrag der Mstislavskijregierung[519] mit Zolkiewski[520] war die Wahl Wladyslaws ebenso wie die Absetzung Šujskijs ein freiwilliger Akt der Moskauer. Der Kaiser in Wien hielt während der Verhandlungen zwischen Moskau und Polen zu Polen, so dass der Moskauer Gesandte Ušakov Ende Juli 1613 auch ohne Anerkennung Michails als neuem Car aus Wien zurückkehrte. Auch in einer Botschaft eines Gesandten des Kaisers an die Bojaren, der an der Grenze des Landes erschien, wurde der Car' nicht erwähnt.[521]

Eine neue Gesandtschaft der Moskauer unter Hans Helmes[522] an den Kaiser endete ebenfalls ohne Ergebnis einer Anerkennung der Titelrechte Michails. Sogar eine, in der Praxis der Anerkennungsverweigerung oft angewandte

---

[518] a.a.O., S. 183; Fleischhacker, a.a.O.

[519] Mstislavskij, Feodor: Fürst.Heerführer und 1610-1611, Haupt der Bojarenregierung

[520] Stanislaw Zolkiewski (1547-1620) poln. Aristokrat, Feldherr, königlicher Sekretär

[521] Leitsch, S. 188, Anm. 102, 103, 104

[522] (vor 1613- nach 1656)

Diskriminierung seines Herrn musste Hans Helmes hinnehmen, indem der Kaiser beim Empfang Helmes' zu Ehren des Caren nicht aufstand. Über diesen Vorfall beschwert sich Michail in einem Brief an den Kaiser:" [...] so solltet Ihr auch Eure Räte bestrafen, die [...] unsere herrscherliche Ehre nicht wahrten, dem Namen unserer carischen Majestät entsprechend die Würde unserer carischen Majestät nicht nannten, wie es früher der Brauch war [...]"[523].

Die Beschäftigung mit den weiteren Bemühungen Michails und des Sobors, die Anerkennung Michails als Car zu erhalten, zeigt, dass es letztlich nicht mehr um die Anerkennung der faktisch bestehenden Herrschaft Michails ging, sondern nur noch um den Titel.

Erst mit dem Beschluss vom 7. Januar 1617 in Wien, Michail mit seinem vollen Titel anzuerkennen, ist die Legitimierung durch Anerkennung durch das Ausland vollendet. Die Stellung Polens, mit dem ein Waffenstillstandsabkommen geschlossen worden war, erscheint in dieser Beziehung nicht mehr wichtig.

Letzten Endes hatte die Regierung in Moskau es geschafft, die Stellung des Caren als Alleinherrscher, ohne dessen Befehl der Sobor nichts tun kann, zu behaupten. Der Kampf um die Anerkennung durch das Ausland ist größtenteils ein symbolischer Kampf gewesen, mit dem der neue Car', unterstützt vom Sobor, seine Legitimation vor aller Welt darstellen wollte.

---

[523] zit. in a.a.O., S. 201, Anm. 143.

8 Schlussbetrachtung

Die oben behandelten Legitimierungen der Herrschaften Godunovs, seines Sohnes, Šujskijs und Michail Romanovs zeigen in ihrer Gesamtheit, dass jeder Herrscher in seiner Legitimierung den Anschluss an die mit Fedor Ivanovič geendete Dynastie suchte.

Godunov, dem als erstem die Aufgabe zufiel, die gewachsene Legitimation der Dynastie der Danilovič durch irgendeine andere zu ersetzen, hatte den Vorteil, schon zu Lebzeiten seines „Vorgängers" zu regieren. Gleichzeitig bot ihm die Form des Sobors 1598 die Möglichkeit, sich seine Regentschaft in das Cartum ummünzen zu lassen. Die folgenden Herrscher besaßen nicht diese Legitimation der Leistung und konnten deshalb ihre Herrschaft nur aufgrund vager Verbindungen zur alten Dynastie usw nicht festigen. Die Herrschaft Michails besaß zwar nicht die Legitimation der Leistung, konnte aber diese durch einen Sobor ersetzen, der mit seinen aus allen Landesteilen gewählten Vertretern Michail als wirklich gewählten Herrscher legitimierte. Mit dieser Legitimierung durch Wahl konnte der Abfall der Macht der Herrscher von 1605 bis 1610 aufgefangen weerden.

9 Wladyslaw

Die Anfänge der Kandidatur des Sohnes Sigismunds[524], Wladyslaw, gehen auf die Bitte einiger, von Lžedmitrij, dem vor von Tušino, abgefallener Bojaren unter M. Saltykov an

---

[524] Platonov, Smutmoe vremja, S. 110-111.

Sigismund, seinen Sohn Moskau zum Caren zu geben, zurück.[525]
Nichtachtend der Seriosität dieses Angebots, wird auf diese Bitte hin von beiden Seiten ein Schriftstück unterzeichnet, das Cvetaev[526] als Vertrag bezeichnet, Stökl[527] dagegen als Protokoll, was diesem dogovor vom Ende Januar 1610 bis 14. Februar sicherlich gerechter wird.

In dem von Stökl als „Januarprotokoll" bezeichneten Schriftstück wird von Sigismund bestätigt, dass Wladyslaw in Moskau „von den Händen des Moskauer Patriarchen nach alten Brauch (*ot ruki Patriarcha Moskovskago starodavnym obyčaem*)" gekrönt wird. Weiterhin wird das Versprechen gegeben, den Glauben in Moskau zu erhalten. Die Macht des Caren Wladyslaw soll durch duma und Gericht der Bojaren begrenzt sein, das gesamte althergebrachte Moskauer Gefüge erhalten bleiben.

Der Gedanke der russischen Vertragspartner bestand sicher darin, eine Personalunion Moskau-Polen zustandezubringen, ein Wunsch, der schon wegen der Unfähigkeit des Lžedmitrij, eine Herrschaft aufzubauen, in der smuta verständlich erscheint.[528]

Diese, von den Tušincern ins Gespräch gebracht Kandidatur wurde das Programm einer Partei, die, je tiefer die Polen unter Hetman Zolkiewski in das russische Gebiet eindrangen, immer mehr Anhänger in der führenden Bojarenschicht fand. Für die Kandidatur des polnischen Königssohnes sprach außer der bedrängten politischen Lage von außen die innenpolitische Unsucherheit, die es erforderte, einen neuen

---

[525] Sigismund III. Wasa (1566-1632) König von Polen und Großfürst von Litauen
[526] Cvetaev, Car' Vasilij, S.29
[527] Stökl, G.: Gab es imMoskauer Staat Stände? In: JbFGO, N. F. 3, 1953, München 1955-1956, S. 324.
[528] vgl. dazu Ključevskij, Bojarskaja duma, S 371.

Caren zu krönen, in dessen Person sich das Reich wieder symbolisch finden konnte.

Einige Zeitgenossen sprechen auch von dem Wunsch der Moskauer nach einem Caren Wladyslaw, da sie eher diesem als dem vor von Tušino dienen wollten. Palicyn formuliert, dass es „besser ist, einem Herrschersohn zu dienen, als von den eigenen Knechten geschlagen zu werden.[529]

Eine andere Quelle gibt die Erzählung wieder, dass „Leute aller Ränge"[530] Šujskij nicht mehr auf dem Thron haben wollten und deshalb den Patriarchen gebeten hätten, den polnischen König zu bitten, seinen Sohn auf den Moskauer Thron zu geben. Die Antwort auf die Frage Hergomens nach dem Grund des Ansinnens lautet ähnlich wie bei Palicyn, dass die Moskauer nicht den eigenen Brüdern dienen wollten.

Konrad Bussovs Gedankengang zur Kandidatur Wladyslaws ist:" [...] so sei besser geraten, einen ganz fremden Herrn zu erwählen, der vom Vater und der Mutter ein geborener Herr und in unserem Land nicht seinesgleichen sei [...]"[531].

Es ist ersichtlich, dass Wladyslaw ein letzter Versuch ist, auf dem Moskauer Thron einen Herrscher von hoher, d.h. königlicher Geburt zu installieren, der die Achtung des Volkes vor dem Car' als geborenem Herrscher eventuell wiederherstellt.

Latkin[532] vermutet, dass die Partei, die sich Wladyslaw wünschte und Šujskij abgesetzt hatte, unter Mstislavskijs Einfluss stand. Gegen die polnische Kandidatur war zu dieser Zeit der Patriarch Hergomen, der mit einem polnischen Königssohn auf dem Moskauer Thron den orthodoxen Glauben in Gefahr sah. Ein katholischer Car' war fürMoskau unannehmbar. Deshalb war die orthodoxe Taufe für

---

[529] RIB XIII, S. 1187.
[530] Ključevskij, a.a.O., S. 370.
[531] Bussov, K.: Moskovskaja Chronika, M-L 1961, S. 309.
[532] Latkin, a.a.O., S. 110.

Wladyslaw conditio sine qua non für dessen eventuelle Herrschaft in Moskau.

Die Verhandlungen der Moskauer Bojarenregierung unter Mstislavskij mit Zolkiewski, die am 17. August mit der dogovornaja zapis' ihren Abschluss fanden[533], wurden von Hergomen nur deshalb für eine kurze Zeit unterstützt, weil in der zapis' von Zolkiewski der orthodoxe Glaube garantiert wurde. Entscheidende inhaltliche Bestimmungen des dogovor vom Januar mit Sigismund wurden in den dogovor vom August übernommen: die Begrenzung der Macht Wladyslaws nicht nur durch die bojarskaja duma sondern auch durch „das ganze Land (*vsja zemlja*)".

Dieser Formulierung der Legitimität des gewünschten neuen Herrschers durch „das ganze Land" widersprechen die Realität des Zustandekommens des Vertrages und die der Bojarenregierung, die kaum noch Interessen der Bevölkerung vertrat. Aus diesen Gründen ist auch von keiner reellen Verbindlichkeit der zapis' für das Land zu sprechen, die Latkin in dem Vertrag gegeben sieht, wenn er feststellt: „[...] wenn Wladyslaw auch durch eine geringe Zahl von Leuten gewählt worden war, stand in allen Urkunden, die die duma verschickte, von der Wahl durch alle Ränge des Moskauer Reiches"[534].

Der novyj letopisec drückt den Zweifel an dieser Art von Legitimierung folgendermaßen aus: „In Moskau wählten die Bojaren und alle moskauischen Leute ohne sich mit den Städten zu beschicken (*ne soslavsja s gorodami*) den litauischen Königssohn Wladyslaw auf das moskauische Reich".[535]

Das Fehlen eines Sobors für die Verbindlichkeit des Vertrages versucht die zapis' deshalb durch die Aufzählung der bei der

---

[533] SGGD II, Nr. 199, S. 391.
[534] Latkin, S. 111.
[535] PSRL XIV, S. 100.

Beratung (*po prigovoru*) vertretenen Bevölkerungsschichten zu ersetzen: „*vsich bojar, okol'ničych, dvorjan', d'jakov dumnych, stol'nikov, dvorjan' strjapčych i žylcov, dvorjan' iz gorodov, golov streleckich, vsjakich prikaznych ljudej, detej bojarskich, gosti, torgovych ljudej, strelcov, kozakov, puškarej, vsich činov služilich i žileckich ljudej velikogo Moskovskogo Gosudarstva [...]*". Nach dem Aufzählen der Namen der Aushändler des Vertrages von russischer Seite im Vertrag "kam man überein, dass [...] König Sigismund sie bat, seinen Sohn, den Prinzen Wladyslaw für die Herrschaft in Vladimir und Moskau zu geben (*čtob [...] Žikgimont korol' požaloval ich, dal na Vladimirskoe i Moskovskoe Gosudarstva syna svoego [...] Vladislava koroleviča [...]*)"[536].

Diese umfassende Aufzählung aller Volksschichten kann nicht verdecken, dass dieser Versammlung nur der Charakter einer provisorischen Wahlversammlung oder eines Notsobors zukommt.[537]

Mit dieser zapis' und dem Segen des Patriarchen ging eine Gesandtschaft aus Moskau nach Smolensk, um von Sigismund die Zustimmung zu erhalten.

Die Zusammensetzung der Gesandtschaft war für die Verhältnisse der Zeit ziemlich repräsentativ. Die Geistlichkeit wurde von Filaret, die duma von V. V. Golicyn vertreten, den „großen Boten (*velikie posly*)". Mit diesen zusammen reisen nach der bei Smolensk getätigten Aussage Golicyns Vertreter „aus dem ganzen Land (*oto vseja zemji*)". Im Gegensatz zum kaum anwesenden Provinzadel war der städtische Adel zahlreich vertreten.[538]

Während der Verhandlungen der Gesandtschaft mit Sigismund verschickte die duma mit Mstislavskij in Moskau

---

[536] SGGD II, Nr. 199, S.392, S. 392; Stökl, JbfGO, S.326.
[537] vgl. Platonov, O čerki, S. 458-462.
[538] vgl. Platonov, Smutnoe vremja, S. 120-121; Fleischhacker, Zwei Dynastien, S. 157.

schon gramoty im Namen Wladyslaws als Selbstherrscher ganz Russlands („*Vladislav Žigimontovič, samoderžec vseja Rusi*"[539]).

In den meisten Städten, die nicht in den Händen des ersten Lžedmitrijs waren, ging die Vereidigung auf die zapis' und damit auf Wladyslaw reibungslos vor sich.

Die Formel das Eides lautete:"Ich küsse dieses heilige und lebensschaffende Kreuz[...] darauf, dass [...] uns Sigismund seinen Sohn auf das Moskauer und auf alle großen Reiche des russischen Cartums gibt (*celuju sej svjatyj i životvorjaščij krest'* [...] *na tom, čtob* [...] *Žigimont požaloval nas, dal na Moskovskoe i na vse velikie Gosudarstva Rossijskago Carstvija syna svoego)*"[540].

Sigismund verweigerte, da er für sich selbst Chancen auf den Moskauer Thron ausrechnete, die Unterschrift unter die zapis'.

Mit dem Scheitern der Verhandlungen bei Smolensk, der Einnahme der Stadt am 13. Juni 1611 durch Sigismund und der damit verbundenen Kaltstellung der Anhänger Wladyslaws in Moskau durch den Nachfolger Zolkiewskis, Gosiewski[541], werden die Polen Invasoren und haben damit das gesamte Land gegen sich.

Wladyslaws Kandidatur hat mit dem Eid des 1. Opolčenie unter Ljapunov „Ich küsse das Kreuz darauf [...], für das Moskauer Reich zu stehen [...] und einem polnischen und litauischen König oder Prinzen das Kreuz nicht zu küssen (*celuju krest' na tom* [...] *za Moskovkoe Gosudarstvo stojati* [...] *a korolju i korolevičuju Polskomu i Litovskomu krest' ne celovati* [...])*"[542] keine Chancen in der Realpolitik.

---

[539] AAE II, Nr.166, 167, 168; AI 2, Nr. 311

[540] SGGD II, Nr. 203, S. 439.

[541] Aleksander Korwin Gosiewski

[542] SGGD II, Nr. 252, S. 537.

Die Versuche Sigismunds, erst sich, und als er merkte, dass er das ganze Land gegen sich hatte, seinen Sohn als Kandidaten aufzustellen, sind für das Geschehen in Moskau, das noch eine polnische Garnison hat, und das russische Reich keine Alternative mehr.[543]

Literaturverzeichnis

Quellen:
Akty sobrannye v bibliotekach i archivach Rossijskoj Imperii Archeografičeskoj Ekspedicieju Imperatorskoj Akademii nauk, Bd. 2; SPb 1836

Akty istoričeskie, sobrannye i izdannye Archeografičeskoju Kommissieju, Bd. 2, (1598-1613), SPb 1841

Akty podmoskovnych opol'čenij i zemskago sobora 1611-1613 [Hrsg. Veselovskij, S.B.], Moskau 1911

Bussov, K.: Moskovskaja chronika, M-L 1961

Dopolnenie k aktam istoričeskim, Bd. 1, SPb 1846

Dvorcovye razrjady, Bd.1, (1612-1628), SPb 1850

Russkaja istoričeskaja biblioteka, Bd. XIII, Bd. XVI, SPb 1897 Pamjatniki istorii smutnago vremeni [Hrsg. Kločkov, N. N.], Moskau 1909

Pamjatniki russkoj istorii – Akty otnosjaščiesja k istorii zemskich soborov [pod red. Got'e, Ju. V.], Moskau 1909

---

[543] zu den letzten Versuchen Sigismunds, den Thron in Moskau zu erhalten, vgl. Cvetaev, S. 61 ff.

Polnoe sobranie russkich letopisej, Bd.V, SPb 1862;
Bd. IX (Nikonovskaja letopis'), SPb 1862;
Bd. XIV - Povest' o čestnem žitie carja i velikago knjazja
Feodora Ivanoviča vseja Rusii; -Novyj letopisec

Sobranie Gosudarstvennych gramot i dogovorov
Bd. I, Moskau 1813; Bd. II, Moskau 1819; Bd, III, Moskau 1822

Sekundärliteratur:
Avaliani, S. A.: Zemskie sobory, Odessa (1916)

Barbour, Ph. L.: Abenteurer auf dem Zarenthron, Stuttgart
1967

Barsov, E. V.: Drevne-russkie pamjatniki svjaščennago
venčanija carej na carstvo, in: Čtenija, 1883 I

Berezov, P.: Minin i Požarskij. Moskovskij rabočij, 1957

Bussov, K.: Moskovskaja Chronika, Moskau-Leningrad 1961

Cvetaev, D. V.: Car Vasilij Šujskij i mesta pogrebenija ego v
Pol'se 1610-1910 gg, Bd.1, Moskau-Warschau 1910

D'jakonov, M.: Vlast' Moskovskich gosudarej, Petersburg
1889

Fleischhacker, Hedwig: Russland zwischen zwei Dynastien
(1598-1613). Eine Untersuchung über die Krise in der
obersten Gewalt, Raden bei Wien (1933)

Fleischhacker, H.: Die staats-und völkerrechtlichen
Grundlagen der moskauischen Außenpolitik (14.-17.
Jahrhundert), Würzburg (1959)

Ikonnikov, V. S.: Novyja izledovanija po istorii smutnago vremeni Moskovskogo gosudarstva, Vladimir 1889

Ključevskij, V. O.: Bojarskaja duma drevnej Rusi, Petersburg 1919

ders.: Kurs russkoj istorii Bd.3, deutsch Bd. 1-4, Berlin 1925/1926

Kločkov, N. N. [Hrsg.]: Pamjatniki istorii smutnago vremeni, Moskau 1909

Kotošichin, G.: O Rossii v carstvovanie Alekseja Michailoviča, SPb 1906

Latkin, V.: Zemskie sobory drevnej Rusi, ich istorija i organizacija sravnitel'no s zapadno-evropejskimi učreždenijami, SPb 1885

Leitsch, W.: Moskau und die Politik des Kaiserhofes im 17. Jahrhundert 1. Teil, Graz-Wien 1960, in: Wiener Archiv für Geschichte des Slawentums und Osteuropa Bd. IV

Ljubomirov, K.: Očerk istorii Nižegorodskago opol'čenija 1611-1613 gg, in: ŽMNPr. 1914

Markevič, A.: Izbranie na carstvo Michaila Feodoroviča Romanova, in: ŽMNPr. SPb. 1891

Neubauer, H.: Car' und Selbstherrscher, München 1964

Philipp, W.: Peresvetov und seine Schriften zur Erneuerung des Moskauer reiches, in: Osteuropäische Fürschungen, N. F., Bd. 20, Berlin-Königsberg 1920

Pierling, P.: Rome et Moscou, Paris 1883

Platonov, S. F.: Boris Godunov, Prag 1924

ders. Smutnoe vremja. Očerk istorii vnutrennogo krizisa i obščestvennoj bor'by v Moskovskom Gosudarstve XVI i XVII vekov, Petersburg 1923

ders.: Očerki po istorii smuty v Moskovskom gosudarstve XVI. - XVII. vv, SPb 1899

ders.: Moskovskoe pravitel'stvo pri pervych Romanovych, in: Sočinenija Bd.1, (1906)

ders.: Social'nyj krizis smutnogo vremeni, Leningrad 1924

ders.: Sočinenija, Bd.1, Stat'i po russkoj istorii, SPb 1883-1912

- Zametki po istorii moskovskich zemskich soborov (1883), S. 1-25.
- Vopros o proizchoždenija pervago Lžedmitrija (1904), S. 267-278.
- K istorii moskovskich zemskich soborov(1906) S. 279-338.
- Moskovskoe pravitel'stvo pri pervych Romanovych (19066), S. 339-406.

Rožkov, N.: Proizchoždenie Samoderžavija v Rossii, Moskau 1906

Savva, Vl. I.: Moskovskie cari I vizantijskie Vasilevsy, Charkov 1901

Šachmatov, M. V.: Gosudarsvenno-national'nyja idei "Činovnych knig" venčanija na carstvo Moskovskich gosudarej, in: Zapiski russkago naučnago institute v Belgrade, Belgrad 1930

Schäder, Hedwig: Moskau, das dritte Rom, Darmstadt 1957

Skribanowitz, H.: Pseudodemetrius I (Inauguraldissertation), Berlin (1913)

Solov'ev, S. M.: Istorija Rossii s drevneijšich vremen, Bd.7-8, Moskau 1960

Stökl, G.: Russische Geschichte, Stuttgart (1965)

ders.: Gab es imMoskauer Staat Stände? In: JbFGO, N. F. 3, 1953, München 1955-1956

Stratonov, I. A.: Zametki po istorii zemskich soborov, SPb. 1912
ders.: Zametki po istorii zemskich soborov Moskovskoj Rusi, Kazan' 1905

Suvorin, A. S.: O Dmitrij Samozvance kritičeskie očerki, SPb 1906

Vernadskij, G.: Tragödie von Uglič und ihre Folgen. In: JbfGO, N.F., 1955, München 1955/1956

Veselovskij, S. V.: Akty podmoskovnych opol'čenij i zemskago sobora 1611-1613, Moskau 1911

Zagoskin, N.: Istorija prava Moskovskago gosudarstva, Bd. 1, Moskau 1877

V In memoriam Werner Philipp (1908-1996)

Werner Philipp wurde am 13. März 1908 als Sohn des Lehrers Fritz Philipp und dessen Ehefrau Martha, geborene Jungfer, in Breslau-Kosel geboren. Nach der Schulzeit in Breslau studierte er in Breslau, Freiburg, Berlin und Hamburg, wo er 1932[544] durch den Ordinarius Richard Salomon mit der Arbeit „Ivan Peresvetov und seine Schriften zur Erneuerung des Moskauischen Reiches"[545] promoviert wurde.[546]

---

[544] falsch mit 1934 bei Meyer, Klaus: Osteuropäische Geschichte. In: Geschichtswissenschaft in Berlin im 19. Und 20. Jahrhundert. Persönlichkeiten und Institutionen, Berlin-New York 1992, S. 568; Torke, Hans-Joachim: Osteuropäische und Südosteuropäische Geschichte an der Freien Universität. In: Kubicki, Karl/ Lönnendonker, Siegward (Hg.): Die Kultur- und Ethnowissenschaft an der Freien Universität Berlin, Göttingen 2011, S. 144

[545] erschienen 1935 in: Osteuropäische Forschungen. Bd. 20, Kap.IV, 1-3

[546] vgl. hierzu auch die Erinnerungen Frank Kämpfers an Werner Philipp in: Kämpfer, Frank: In memoriam Werner Philipp (1908-1996) and Hans-Joachim Torke (1938-January 15. 2000), in: http://www.frankkaempfer.de/Neuer%20PDF%20Ordner/IVAN%20 Peresvetov-%20FIKTIV.pdf (Stand 17.11.2015)

Als Nachfolger des aus rassistischen Gründen 1935 entlassenen Assistenten von Otto Hoetzsch, Leo Loewenson (1884-1968), am Institut für Osteuropäische Geschichte und Landeskunde an der Humboldt-Universität behielt er, trotz seiner ablehnenden Haltung gegenüber nationalsozialistischer Ideologie, diese Stelle auch unter dem, den ebenfalls 1935 entlassenen Otto Hoetzsch ablösenden Hans Übersberger (1877-1962).

Nach seiner Habilitation 1939[547] in Berlin ging Werner Philipp für einige Jahre als außerordentlicher Professor nach Königsberg, erhielt dort 1942 den Gestellungsbefehl zur Wehrmacht. 1943 wird seine Tochter Hanna[548] geboren.

1946 wird er an die am 22. Mai gegründete Mainzer Universität als Extraordinarius und Leiter des 1949/1950 zum „Institut für Osteuropakunde" mit den Schwerpunkten Geschichtswissenschaft und slawische Philologie umbenannten „Arbeitsbereich[s] Osteuropäische Geschichte" berufen.

Im November 1951 wird Werner Philipp als Lehrstuhlinhaber für Osteuropäische Geschichte an das neu eröffnete Osteuropa-Institut der Freien Universität Berlin berufen, wo er am 24.11.1951 den Festvortrag zur Instituteröffnung hält. Lehrveranstaltungen werden von ihm wegen „komplizierter Ausstattungsfragen"[549] erst seit Sommer 1952 gehalten.

Mit Werner Philipp berief die Freie Universität nach Meinung des 1949 aus Stockholm an die FU berufenen Slavisten Max Vasmer „unter den Osteuropa-Historikern seiner Generation zweifellos denjenigen, der in die russischen und polnischen

---

[547] Torke, a.a.O. S. 144; falsch bei Meyer, a.a.O. S. 568
[548] Hanna Königs-Philipp (Prof. Dr. Phil. Habil.) verifizierte die von Torke angegeben Daten hinsichtlich Promotion und Habilitation Werner Philips
[549] Torke, a.a.O.

Geschichtsquellen sowohl historisch wie philologisch am tiefsten eingedrungen"[550] war.

Schwerpunkt Werner Philipps wissenschaftlichen Interesses und seiner Forschung waren sowohl Abläufe altrussischer Geschichte als auch die ältere russische Geistes- und Kirchengeschichte. An der FU konnte er eine ideologiefreie Osteuropaforschung wiederaufnehmen, die mit der Entlassung Otto Hoetzschs 1935 beendet worden war.

Im Gegensatz zu anderen, der NS-Ideologie verpflichteten Kollegen wie Albert Brackmann oder Peter-Heinz Seraphim konnte er völlig unbelastet seine wissenschaftliche Laufbahn fortsetzen und sich auch selbstkritisch, obwohl „dem in der Zwischenkriegszeit als 'Vorposten deutscher Ostmark' ideologisch hoch aufgeladenen Breslau"[551] entstammend, mit der eigenen Stellung innerhalb der Ostforschung befassen und als Gegner nationalistischen Gedankenguts in einem vielbeachteten Vortrag zum Problem „Nationalsozialismus und Ostwissenschaften" während der FU-Wissenschaftstage 1966 unter dem Motto „Nationalsozialismus und die deutsche Universität" sich mit der fehlenden Aufarbeitung der Stellung der Wissenschaft in der NS-Zeit auseinandersetzen.

In Konsequenz dessen setzte er sich auch für eine gelebte Demokratie in der Bundesrepublik ein.[552]

1963 hatte Werner Philipp Südamerika mit der Absicht bereist, Postgraduierten lateinamerikanischer Länder am Osteuropa-Institut eine „Spezialausbildung [...] auf dem

---

[550] zit. in Torke, a.a.O.

[551] Petersen, Hans-Christian: Neuanfang im Westen – 60 Jahre Osteuropaforschung in Mainz. In: http://www.hsozkult.de/conferencereport/id/tagungsberichte-1260 (Stand 17.11.2015)

[552] vgl. Philipp, Werner: Erziehung zu Demokraten. Berlin 1963

Gebiet der Osteuropakunde und des Sovetkommunismus"[553] zu ermöglichen, was auch durch die in den 50er Jahren am Aufbau der FU beteiligte Ford-Foundation gelang. Von den 14 ausgewählten Kandidaten führten 6 den Kurs am Osteuropa-Institut zu Ende.[554]

Neben seinen Funktionen (1964-1966 Dekan der Philosophischen Fakultät, 1970-1972 Direktor des Osteuropa-Instituts und Abteilungsdirektor des Instituts 1952-1976) machte sich Werner Philipp um den Aufbau der Seminarbibliothek verdient, gab seit 1954 die Zeitschriftenreihe „Forschungen zur osteuropäischen Geschichte" (bis 1978 auf 24 Bände angewachsen) heraus und zusammen mit Peter Scheibert die Monographiereihe „Studien zur Geschichte Osteuropas" (ebenfalls von 1954 bis 1981 24 Bände).

Nicht zuletzt seiner, auf profunder Quellenkritik gründenden akademischen Lehrtätigkeit verdanken/-ten eine Reihe von ehemaligen Studierenden /Seminarteilnehmern ihre Tätigkeit als Gelehrte an Universitäten oder anderen wissenschaftlichen Institutionen der Bundesrepublik Deutschland und des Auslandes.

Werner Philipp, 1976 emeritiert, verstarb am 13. Juni 1996.

---

[553] vgl. hierzu Weitbrecht, Dorothee: Aufbruch in die dritte Welt. Der Internationalismus der Studentenbewegung von 1968 in der Bundesrepublik. Göttingen 2012, S. 263-264

[554] Weitbrecht, a.a.O.

Literatur:

Hardtwig, Wolfgang/ Thomas, Alexander: Forschungen und Parteilichkeit. Die Neuzeithistorie an der Berliner Universität nach 1945. In: Geschichte der Universität Unter den Linden 1810–2010. 5. Berlin 2010, S.333 ff.

Kämpfer, Frank: In memoriam Werner Philipp (1908-1996) and Hans-Joachim Torke (1938-January 15. 2000), in: http://www.frankkaempfer.de/Neuer%20PDF%20Ordner/IVA N%20Peresvetov-%20FIKTIV.pdf (Stand 17.11.2015)

Meyer, Klaus: Osteuropäische Geschichte. In: Geschichtswissenschaft in Berlin im 19. und 20. Jahrhundert. Persönlichkeiten und Institutionen, Berlin-New York 1992, S. 553-570.

Petersen, Hans-Christian: Neuanfang im Westen – 60 Jahre Osteuropaforschung in Mainz. In: http://www.hsozkult.de/conferencereport/id/tagungsberichte-1260 (Stand 17.11.2015)

Sundhausen, Holm: Osteuropäische Geschichte und Regionalstudien am Osteuropa-Institut der Freien Universwität Berlin: Eine Unendliche Geschichte. In: Dahlmann, Dittmar (Hg.). Hundert Jahre osteupäische Geschichte. Vergangenheit, Gegenwart und Zukunft. Stuttgart 2005, S. 195 ff.

Torke, Hans-Joachim: Osteuropäische und Südosteuropäische Geschichte an der Freien Universität. In: Kubicki, Karl/ Lönnendonker, Siegward (Hg.): Die Kultur- und Ethnowissenschaft an der Freien Universität Berlin, Göttingen 2011

Internet:
https://de.wikipedia.org/wiki/Werner_Philipp (Stand
17.11.2015)

http://www.osteuropa.geschichte.uni-mainz.de/327.php
(Stand 17.11. 2015)

http://www.hsozkult.de/conferencereport/id/tagungsbericht
e-1260(Stand17.11.2015)

http://www.frankkaempfer.de/Neuer%20PDF%20Ordner/IVA
N%20Peresvetov-%20FIKTIV.pdf (Stand 17.11.2015)

VI Anhang

Abkürzungsverzeichnis

AAE	- Akty Archeografičeskoj Ekspedicii
AI	-Akty istoričeskie
Avr.	-Letopis' Avraamskaja (PSRL XVI)
B.A.	-Boris Aleksandrovič
Cerk.vestn.	-Cerkovnyj vestnik
DAI	-Dopolnenie k aktam istoričeskim
DDG	-Duchovnye i Dogovornye gramoty
Dv. Razr.	-Dvorcovye razrjady
JbfGO	-Jahrbücher für Geschichte Osteuropas
M-L	-Moskau-Leningrad
N. F.	-Neue Folge
Nik. I.	-Nikonovskaja letopis'
N. L.	-Novyj letopisec
Novg.	-Novgorodskaja letopis' (PSRL IV; V)
Patr.	-Patriašaja letopis' (PSRL XII)
PSRL	-Polnoe Sobranie Russkich Letopisej
RIB	-Russkaja istoričeskaja biblioteka
SGGD	-Sobranie gosudarsvennych gramot i dogovorov
Soph. I.	-Sofijskaja letopis' I; II (PSRL VI)
SPb	-Sankt Petersburg
TODRL	-Trudy otdela drevnerusskoj literatury
Tver.	-Tverskaja letopis' (PSRL XV)
v.k.	-Velikij knjaz' (in entsprechenden Fällen)
Voskr. I.	-Voskresenskaja letopis' (PSRL VII)
ŽMNPr	-Žurnal ministerstva narodnogo procveščenija

196

Herrscherliste der Daniloviči I[555]

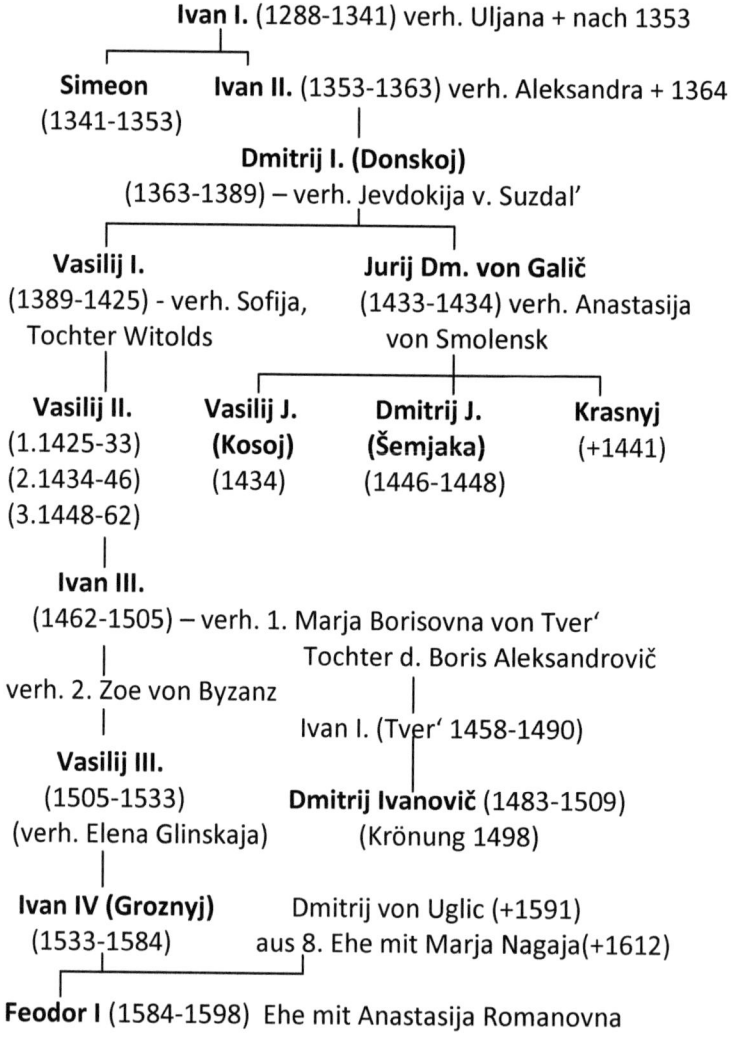

Ivan I. (1288-1341) verh. Uljana + nach 1353

Simeon (1341-1353)

Ivan II. (1353-1363) verh. Aleksandra + 1364

Dmitrij I. (Donskoj) (1363-1389) – verh. Jevdokija v. Suzdal'

Vasilij I. (1389-1425) - verh. Sofija, Tochter Witolds

Jurij Dm. von Galič (1433-1434) verh. Anastasija von Smolensk

Vasilij II. (1.1425-33) (2.1434-46) (3.1448-62)

Vasilij J. (Kosoj) (1434)

Dmitrij J. (Šemjaka) (1446-1448)

Krasnyj (+1441)

Ivan III. (1462-1505) – verh. 1. Marja Borisovna von Tver'
Tochter d. Boris Aleksandrovič

verh. 2. Zoe von Byzanz

Ivan I. (Tver' 1458-1490)

Vasilij III. (1505-1533) (verh. Elena Glinskaja)

Dmitrij Ivanovič (1483-1509) (Krönung 1498)

Ivan IV (Groznyj) (1533-1584)

Dmitrij von Uglic (+1591) aus 8. Ehe mit Marja Nagaja(+1612)

Feodor I (1584-1598) Ehe mit Anastasija Romanovna

---

[555] Aleksandr Nevskij hinterlässt seinem jünsten Sohn Daniil (1261-1303) Moskau als udel', danach Moskauer Linie der Rjurikiden Danioviči; Angabe der Regierungszeiten in Klammern

Smuta (1598-1613)

1. Wegen der Regierungsunfähigkeit Fedors übernimmt ein fünfköpfiger Regentschaftsrat die Regierungsgeschäfte:
- Fjodor Ivanovič Mstislavskij (
- Ivan Petrovič Šujskij (†1588)
- Nikita Romanovič Jur'ev-Romanov (+ 1586)
- Boris Godunov
- Bogdan Jakovlevič Bel'skij

2. Als Regent (1584-1598) wird Godunov 1598 zum Caren gekrönt

Boris Godunov

(1598-1605) verh. mit Maria Grigorevna Skuratova-Bel'skij

```
        ┌──────────────────┴──────────────────┐
     Ksenija
(1581-1622) als Nonne Olga    Feodor II
                              (1605 mit Mutter ermordet)
```

3. Lžedmitrij I (1605-1606)
4. Vasilij Ivanovič Šujskij (1606-1610)
Car' mit beschränktem Herrschaftsanspruch durch Lžedmitrij II und III
5. Interregnum (1610-1612) mit Versuch Wladislaw Wasa (1595-1648), Sohn Sigismunds III., als Herrscher zu etablieren

5. Nikita Romanovič Zachar'in-Jur'ev (+1586)
  |
Fedor Nikitič Romanov (Filaret) (um 1553-1633)
  |
Michail Fedorovič (Car' 1613-1645)

Personenregister

Ortsregister

Bildnachweis:

S.189: http://userpage.fu-
berlin.de/~fupresse/FUN/allgemein/archiv.html (7/96)

Frontcover:
https://commons.wikimedia.org/wiki/File:Borisgodunov.jpg#/
media/File:Borisgodunov.jpg